Hélène Barde

LETTRES ORIGINALES

DE MADAME

LA DUCHESSE D'ORLÉANS

HÉLÈNE DE MECKLENBOURG-SCHWERIN

LETTRES ORIGINALES

DE MADAME

LA DUCHESSE D'ORLÉANS

HÉLÈNE DE MECKLENBOURG-SCHWERIN

ET

SOUVENIRS BIOGRAPHIQUES

RECUEILLIS PAR

G. H. DE SCHUBERT

SEULE ÉDITION FRANÇAISE AUTORISÉE PAR L'AUTEUR
et ornée d'un beau portrait

GENÈVE

HENRI GEORG, ÉDITEUR

MÊME MAISON A BALE

—

1859

Réserve de tous droits

PRÉFACE DU TRADUCTEUR

Après le succès si mérité de l'ouvrage de Madame la marquise d'H***, il peut sembler téméraire d'offrir au public français celui de M. de Schubert. Cependant ces deux productions, qui ont paru presque simultanément en France et en Allemagne, portent, chacune, le sceau de leur origine et se complètent sans se nuire; c'est un double hommage rendu à la mémoire de Madame la duchesse d'Orléans par sa patrie d'adoption et par celle qui l'a vue naître.

Le moment n'est pas encore venu de porter un jugement définitif sur une illustre princesse dont la vie n'a été qu'un dévoûment continuel à de grands devoirs et à d'éternelles vérités. Ceux qui l'ont connue épanchent leur cœur, laissent parler leurs souvenirs, publient les documents qu'ils possèdent ; et, quand l'œuvre d'ensemble devra paraître, Madame la duchesse d'Orléans trouvera encore son historien.

Pour qu'un contemporain soit autorisé à faire entendre sa voix, il faut qu'il se recommande par l'élévation du caractère et qu'il soit en possession de renseignements d'un intérêt général. A ce double égard, le vénérable auteur de cet écrit a droit à un favorable accueil. Très-connu en Allemagne, il l'est moins en France où ses ouvrages n'ont pas pénétré jusqu'ici. Quelques mots combleront en partie cette lacune.

Né en 1780, M. de Schubert, maintenant presque octogénaire, avait successivement étudié dans sa jeunesse la théologie à Leipzig et la médecine à Iéna. Ses goûts se dirigeant de préférence vers l'étude des sciences naturelles et de la philosophie, il se voua à la carrière du haut enseignement, fit en 1807 un cours de philosophie à Dresde, devint plus tard directeur de l'école industrielle de Nuremberg, et fut appelé en 1816 aux fonctions de précepteur des enfants du grand-duc de Mecklenbourg-Schwerin, mais plus spécialement de Marie, l'aînée des princesses.

Doué d'un esprit supérieur, de connaissances très-étendues, d'un caractère sympathique et profondément religieux, il n'eut besoin que d'un séjour de trois années dans cette maison pour y laisser un souvenir permanent. Peu de temps après qu'il eut quitté Ludwigslust pour occuper à l'université d'Erlangen une chaire de sciences naturelles, la jeune princesse Hélène, qui ne le revit plus, sollicita la faveur de lui écrire ; et ainsi s'établit une correspondance qui ne s'est éteinte qu'avec la vie de Madame la duchesse d'Orléans. Après un séjour de huit ans à Erlangen, M. de Schubert alla professer les sciences naturelles à l'université de Munich, où il obtint le titre de conseiller intime et l'honneur de faire partie de l'Académie des sciences.

La longue carrière de Schubert a été marquée par de très-nombreuses publications, qui ont pour objet les sciences naturelles, des questions de philosophie morale ou religieuse, des biographies édifiantes, des voyages, des contes, des paraboles, etc.[1] Tous les

[1] Comme la duchesse d'Orléans fait souvent allusion aux ouvrages de Schubert dans sa correspondance, j'en donne ici une liste, sans doute très-incomplète:—Pressentiment (*Ahnungen*) d'une histoire générale de la vie; 3 vol. 1806-20. — Ré-

ouvrages de l'ancien professeur de Ludwigslust intéressaient vivement Madame la duchesse d'Orléans, qui les recevait avec reconnaissance; mais, ce qui avait le plus d'attrait pour elle, c'était la foi religieuse de M. de Schubert, c'étaient ses profondes méditations sur la nature de l'âme et ses rapports avec Dieu.

Les idées de Schubert prennent sans effort une direction mystique, assez rare chez les savants qui s'occupent de l'étude de la nature. La vie humaine n'est littéralement à ses yeux qu'un songe dont la réalité est ailleurs ; il voit, dans certains faits, un symbole précurseur d'autres faits subséquents ; il recherche les lointaines analogies qu'il peut y avoir entre

flexions sur le côté faible des sciences naturelles, 1808. — Le monde primitif et les étoiles fixes, 1822. — L'univers, la terre et les époques de l'humanité, 1852. — Symbolique du rêve, 1814. — Histoire de l'âme ; 2 vol., 1830. — Maladies et perturbations de l'âme, 1845. — Divers manuels de minéralogie, d'histoire naturelle, etc.—Un certain nombre d'ouvrages d'édification, entre autres : Esquisse de la vie du pasteur Jean-Frédéric Oberlin; 4e édition, 1832. — Communications du temps de l'empire, etc. — Divers voyages : Voyage à Salsbourg, dans le Tyrol et la Lombardie, 1823.—Voyage au sud de la France et en Italie ; 2 vol., 1827-31.— Voyage en Orient dans les années 1836 et 1837, 3 vol., 1838-39. — Autobiographie, en 3 vol., l'un de ses derniers ouvrages, etc., etc.

le monde visible et l'éternité; il écoute et convertit en science la voix des pressentiments.

Son style, toujours métaphorique, même dans ses ouvrages populaires, n'est pas facilement compris de chacun; il est parfois presque intraduisible, surtout dans les développements allégoriques où les germanismes de pensée ajoutent à la difficulté de rendre les germanismes d'expression. J'avais à éviter, dans cette traduction, le double écueil d'être infidèle à l'idée originale ou au goût français; mais j'ai presque toujours mis le fond au-dessus de la forme, le respect de l'œuvre de l'auteur au-dessus de l'amour-propre du traducteur; et je crois ne m'être écarté de cette règle que lorsque j'y étais obligé.

A côté de l'intéressante biographie qui a déjà paru, l'œuvre de M. de Schubert me paraît offrir encore une triple source d'intérêt : d'abord, des renseignements plus complets sur l'éducation de la princesse de Mecklenbourg jusqu'à son mariage; puis, la publication d'environ quatre-vingts lettres ou fragments de lettres allemandes, qu'elle adresse à M. de Schubert, à Madame la grande-duchesse héréditaire, sa mère, ou à une amie de jeunesse; enfin et surtout, le point de vue exclusivement religieux de l'auteur, qui est en parfaite harmonie avec les convictions de Madame la duchesse d'Orléans.

C'est dans ce point de vue que repose l'unité de l'ouvrage, son attrait principal, l'élément essentiel de son succès. Plus que personne, M. de Schubert avait mission pour révéler au monde la foi de la duchesse, qui lui ouvre son cœur, réclame ses conseils, ses prières, et qui, dans son humilité chrétienne, se place bien au-dessous du vieil ami qu'elle édifie. Les lettres qu'elle écrit à Madame la grande-duchesse ont cependant un plus grand prix encore; c'est toujours la même âme si pure, si noble, si résignée à la volonté de Dieu; mais l'épanchement religieux est plus intime et plus habituel.

Une vie dévouée est toujours un noble sujet de méditations; mais qu'il est rare, qu'il est édifiant de trouver tant de foi, de renoncement, d'activité chrétienne dans un rang où d'impérieux devoirs de position absorbent trop souvent au profit du monde toutes les forces de l'âme et de l'esprit !

Bâle, juillet 1859.

C.-F. GIRARD.

I

BONHEUR INESPÉRÉ.

Aujourd'hui encore, je me félicite de m'être autrefois égaré en allant dans les Grisons par la vallée d'Urseren, car j'ai été plus que dédommagé du sacrifice de mon temps et de ma peine par l'inappréciable avantage d'avoir étendu le cercle de mes observations. Je me trouvai ainsi à l'improviste en face de l'une des sources du Rhin antérieur. Peu de semaines auparavant (été de 1826), cette origine du plus splendide des fleuves germaniques avait reçu l'hommage d'un auguste monarque allemand, Frédéric-Guillaume III de Prusse, qui avait joui de la majesté de cette sublime nature. Au fond de la vallée, près de Chiamut, les sources se sont déjà converties en un courant étroit, mais vigoureux, qui se fraie sa route au travers des hautes Alpes, et reçoit de toutes parts des ruisseaux qu'il entraîne avec lui vers la plaine. J'ai eu la jouissance de suivre le pèlerinage du jeune fleuve royal jusqu'à sa première halte dans le lac de Constance; je l'ai vu plus loin franchissant hardiment les rochers de Laufen; et, dans plusieurs de mes excursions, il m'a été donné de contempler son cours majestueux au travers des plaines qu'il anime et qu'il féconde. J'ai même escorté le fleuve jusqu'à l'endroit où il livre la majeure partie de ses eaux à un affluent plus puissant, venu d'un pays voisin, et d'où, confondu avec lui et abdiquant son nom, il se dirige vers la mer ; bien déchu de sa précédente grandeur, le Rhin, modeste et pourtant glorieux du nom qu'il porte encore, trouve enfin dans le même océan un paisible repos.

Si je n'ai vu de mes propres yeux que quelques parties du cours de ce magnifique fleuve, grande artère qui circule entre les principaux empires de l'Europe chrétienne et leur communique la vie, cependant j'ose me flatter d'avoir appris à le connaître depuis les Alpes jusqu'à l'Océan.

Cette expérience, acquise dans le domaine des choses visibles par un événement imprévu, n'est qu'une imparfaite image des rapports spirituels que j'ai été conduit à soutenir avec une âme dont la noble et calme activité s'est creusé, dans le sol de l'histoire moderne, un lit profond et durable, avant qu'une tombe ouverte dans une terre étrangère se soit refermée sur elle. J'ai eu le bonheur de connaître Madame la duchesse Hélène d'Orléans dès sa plus tendre enfance ; et, si je ne l'ai plus revue à dater de sa sixième année, une correspondance active de sa part m'a permis de suivre la marche ferme et sérieuse d'un développement spirituel, qui offre à nos méditations un rare modèle d'une profonde et persévérante vocation intérieure. Ces lettres, écrites depuis sa première enfance jusque près de sa fin, sont déjà en elles-mêmes un portrait en miniature, dont les traits gravés sur bronze méritent d'être conservés. Quant au cadre dans lequel je l'ai renfermé, je n'ai que peu de chose à observer.

J'ai dit plus haut que j'ai vu le Rhin à sa source, que je l'ai fréquemment suivi dans son riche domaine, que j'ai été témoin de sa disparition dans l'Océan. Néanmoins, il ne pourrait jamais me venir à l'esprit de donner une description complète de son cours et de son importance statistique. Ce cours, en effet, est familier aux habitants de ses bords, et est décrit par d'autres plumes que la mienne : un exposé statistique de ses rives ne peut être non plus ma tâche. Tout ce que je pourrais me permettre, ce serait de reproduire fidèlement mes impressions personnelles et les expériences que j'ai faites dans mes pèlerinages le long de ce beau fleuve, dont mes yeux n'apercevaient que les contours. De même, dans les feuilles qui suivent, je ne puis et ne veux qu'esquisser une physionomie encore vivante dans le souvenir de tous ceux à qui l'histoire contemporaine n'est pas restée étrangère. La politique manquera à mes esquisses; mais elles témoigneront, je l'espère, que la vie de la femme si rare dont je veux parler, a reçu de haut, comme les ondes du Rhin, sa force et sa mission.

II

LE CHEMIN DE LA VIE.

La source jaillit de terre et se montre à la lumière du jour. Où se dirigera sa course, lorsque, ruisseau, rivière, fleuve, elle descend du haut de ses Alpes et traverse la plaine ? Le sillon qu'elle s'est tracé la conduira-t-il à une bonne et glorieuse issue ?

L'Ecriture Sainte nous dit clairement la route à suivre : « La discipline est le chemin de la vie. » (Prov. VI, 23 ; X, 17.)

La discipline, qui mène et maintient le cœur de l'homme sur le chemin de la vie, est intérieure et extérieure. Intérieure, elle éveille en l'homme la conscience de ses rapports naturels avec son Dieu qui lui a tout donné, respiration, vie et mouvement ; c'est la discipline de l'humilité, de la crainte de Dieu, la source de la sagesse et de tout ce qu'il y a de bon en nous. Extérieure, elle nous fait sentir la main de Dieu au milieu des vicissitudes et des directions de notre vie terrestre.

Je reprends encore une fois l'image d'un fleuve puissant qui traverse et fertilise de nombreuses contrées. Il prend son origine sur les hauteurs, et sa course dans la plaine ; plus sa source est élevée, plus son impulsion est vigoureuse. Mais, sur les montagnes comme dans les plaines, on voit surgir des eaux qui ne sont ni sources, ni rivières, parce que ces eaux stagnantes n'ont pu se dégager des obstacles qui leur fermaient toute issue. Cette loi de la gravité, image de la discipline intérieure du cœur humain, doit donc être secondée par une autre force, symbole de la discipline extérieure de la vie; c'est la force qui fraie la route à l'eau des sources, des ruisseaux et du fleuve qui les absorbe. Cette route, tracée au milieu de rochers abrupts et d'étroits défilés, est souvent celle qu'ont prise les forces destructrices de la nature; une secousse du globe, le feu intérieur ou le peu d'adhésion des masses, voilà ce qui a creusé les abimes et formé le lit du fleuve. Il s'élance, contenu entre les rives qui lui sont assignées; et si ces eaux, enflées par les orages, viennent parfois à les franchir, la loi de la gravité, discipline intérieure, les ramène toujours dans leurs limites naturelles.

La vie de la femme d'élite dont nous nous proposons de décrire ici quelques traits, offre dans toutes ses parties l'action de cette double éducation. La discipline intérieure de la crainte et de l'amour de Dieu était en germe déjà dans son attachement filial et dévoué pour sa mère et sa gouvernante; elle a été de bonne heure exercée à la discipline extérieure par de douloureux déchirements des liens les plus chers et les plus étroits. De cette double éducation est résulté le développement ferme, régulier et toujours progressif d'une vie qui a été bénie pour beaucoup d'âmes.

Quel enfant s'est jamais suspendu aux bras de sa mère avec un amour plus intime et plus dévoué que la princesse Hélène de Mecklenbourg? Quel enfant a témoigné plus éloquemment cette affection par l'expression des yeux et les caresses du premier langage? Il ne lui manquait toutefois que quatre jours pour achever sa deuxième année, lorsqu'elle perdit cette mère (20 janvier 1816); l'anniversaire de la naissance de la jeune orpheline devint un jour de deuil, non pour une maison, non pour un pays seulement, mais encore pour toutes les intelligences supérieures avec lesquelles elle avait comme un lien de parenté spirituelle. Caroline-Louise, fille d'un prince noblement doué, Charles-Auguste, grand-duc de Saxe-Weimar, avait été élevée au foyer des sciences et des arts; et bien que la culture de son esprit fût accomplie, l'enseignement religieux de Herder avait inoculé en elle une vie bien supérieure à la science et à l'art humain. C'était par un élan de cette nouvelle vie qu'elle avait échangé les cercles spirituels et animés de Weimar contre la paisible retraite de Ludwigslust, en épousant Frédéric-Louis, grand-duc de Mecklenbourg-Schwerin, dont elle voulait adoucir le veuvage par le don d'un cœur dévoué et sympathique. Le 11 février 1812, la nouvelle épouse connut les joies de la maternité par la naissance du prince Albert, enfant doué de rares facultés; puis, environ deux ans après, par celle d'une aimable fille, la princesse Hélène. Déjà alors son âme aspirait à se dégager de sa délicate enveloppe terrestre. Les médecins seuls connaissaient le danger qui la menaçait; l'inébranlable énergie et l'enjouement de son esprit faisaient illusion à ses alentours et lui donnaient le change à elle-même. La naissance d'un troisième enfant, qui passa bientôt du berceau dans la tombe, détermina la crise et mit fin à la tâche d'une noble vie.

L'esprit de la mère ne s'était pas envolé; il revivait mystérieusement dans l'âme des enfants et les entourait. Quelques mois après la mort de la duchesse, j'arrivai à Ludwigslust où m'avait appelé le dernier vœu de la duchesse, et je vis les jeunes orphelins. J'ai décrit ailleurs [1] mon entrée dans ce nouveau cercle d'activité et les premières impressions que j'en reçus. J'ai surtout parlé alors des deux plus jeunes enfants de cette auguste maison, du prince Albert et de sa sœur Hélène. Celle-ci, déjà dans sa troisième année, me frappa par son originalité enfantine d'un genre tout nouveau pour moi. Je ne mentionne pas ce souvenir comme individuel, car cette impression est restée dans la mémoire de tous ceux qui ont observé avec attention cette enfant, dont la troisième année n'était pas encore révolue. Au milieu même des élans d'une jeune fille heureuse de se sentir et de jouir, les regards d'Hélène étaient empreints d'une gravité qui donnait un air de grandeur à ses poses et à tous les mouvements de ses membres : ce n'était rien

---

[1] Troisième volume de l'autobiographie de Schubert.

d'étudié ; c'était le sceau qu'un esprit intérieur imprimait au corps dès son premier éveil. Je caractériserais volontiers des épithètes de royal et d'heureux cet esprit, tel qu'il s'est produit durant toute la vie de cette éminente princesse.

Une amie à laquelle je suis dévoué comme tous ceux qui l'ont connue, Mme la générale de Both, née de Tann, qui avait accompagné à titre d'amie d'enfance la duchesse Caroline-Louise, à son départ de Weimar pour Ludwigslust ; qui est restée auprès d'elle jusqu'à la mort de la princesse, et a entouré ses enfants d'une affection maternelle dévouée, vient de m'écrire à 73 ans, au sujet de la princesse Hélène :

« Dès sa première enfance, elle avait une nature entièrement à part. On sentait et l'on remarquait en elle quelque chose d'élevé ; c'était comme si personne ne pût se tromper sur le rang auquel l'appelaient sa naissance et sa destinée. Elle aimait avec ardeur l'étude, écoutait avec une attention sérieuse ce que d'autres disaient, et l'on remarquait en elle de bonne heure un certain éveil poétique. En un mot, elle n'avait rien d'ordinaire, et j'étais souvent frappée de sa ressemblance avec sa mère, sauf que cette dernière était plus calme, plus réservée, tandis qu'Hélène avait l'esprit beaucoup plus vif et plus ouvert. »

Hélène aimait surtout à entendre parler de sa mère à ceux qui l'avaient toujours entourée ; elle ne pouvait se rassasier d'entendre les moindres détails qui la concernaient : ce qu'elle avait fait et aimé dans son enfance, ce qu'elle avait encore dit d'Hélène et d'Albert avant sa mort, quelles avaient été ses places favorites dans les jardins et au château. Elle aimait à se trouver dans le voisinage des tombes de sa mère et de son jeune frère, le prince Magnus ; il s'éveillait alors en elle des pensées dont elle sentait plus qu'elle ne comprenait le sérieux et l'élévation. En effet, la patrie éternelle, pour laquelle l'esprit de l'homme a été créé, occupe les rêves de son enfance avant qu'il soit mûr pour l'étude du monde visible. Cette observation ne devait-elle pas tout spécialement se vérifier dans l'âme d'une jeune fille, qui avait dirigé ses premiers pas vers des lits de mort et des cercueils de parents bien-aimés ? C'est par cette discipline que l'esprit de la jeune princesse était de bonne heure conduit sur le chemin qui mène à la vie. Le sentiment permanent du sérieux de l'éternité initiait son âme aux idées d'un monde supérieur, et imprimait à tout son être cette dignité dont les regards étrangers avaient été de bonne heure frappés.

J'étais en rapport journalier avec le prince Albert, et je voyais souvent avec lui sa sœur Hélène. Bien que je ne fusse pas précepteur dans le sens étroit et ordinaire du mot, je ne négligeais aucune occasion d'éveiller tout d'abord dans le cœur du jeune prince, puis dans celui de sa sœur lorsqu'elle nous rejoignait au jardin, des germes de connaissances, dont la prompte et fortifiante action sur l'esprit a la même importance que le lait maternel sur le corps d'un enfant. Le prince Albert lisait et méditait de préférence avec moi les histoires bibliques, parmi lesquelles il s'intéressait surtout à celle de Daniel. Hélène était là volontiers et écoutait attentivement. Il lui arrivait toutefois plus fréquemment de jouer avec nous au milieu des fleurs et d'écouter mes contes et mes récits romantiques. Les enfants aimaient aussi à m'entendre parler de sujets tirés de la nature, arbres, plantes, pierres, belles montagnes; et, à l'âge avancé où je suis parvenu, je me souviens encore que les questions de ces enfants, où se peignait leur âme, ont plus d'une fois ouvert un nouvel horizon à mes vues sur l'essence intime des choses. Il ne m'était pas difficile de prendre le langage conforme à leur âge, car mon âme était avec leurs âmes.

III

LE CEP DE VIGNE DANS LE JARDIN.

Plus que toute autre plante, le fruit du cep possède la vertu de fortifier et de réjouir le cœur. Aussi la vigne est-elle spécialement citée parmi les productions de la terre promise, et la Sainte Ecriture mentionne fréquemment et avec détail les soins et les peines qu'exige son établissement, les murs protecteurs dont on l'entoure, la vigilance avec laquelle le vigneron surveille chaque cep en particulier. La vigne et le cep sont même plus d'une fois dans le langage biblique une image du peuple des élus ou des membres de ce peuple.

Parmi ces derniers, il en est dont la force et l'action dans le domaine de la vie spirituelle peuvent être comparées aux effets que produit sur la vie animale l'épi de blé converti en pain. Cette action est bienfaisante; mais, comme elle est quotidienne, elle est moins sentie que les effets curatifs ou stimulants d'une boisson médicale ou spiritueuse. De même que le cep, les âmes qui doivent exercer sur un peuple et sur une époque une action profonde et salutaire, doivent être l'objet d'une culture et de soins tout spéciaux. Ce n'est ni au milieu des couches de fleurs, ni dans la molle et épaisse verdure des prairies que le cep de vigne germe et croît; mais le jardinier le transplante sur le sol rocheux d'une de ces montagnes isolées auxquelles s'applique le cantique du prophète : « Nous avons une ville forte, la délivrance y sera mise pour muraille et pour avant-mur. Oui, le Seigneur lui-même étend autour d'elle une muraille de feu. » (Esaïe 26.)

Hélène, douée de rares facultés et appelée à de hautes destinées, avait besoin d'être ainsi gardée pour devenir ce qu'elle a été. Elle avait perdu l'appui de sa mère; son père, qui la chérissait tendrement, était trop absorbé par les affaires du gouvernement pour suffire à la grande tâche de son éducation. La jeune orpheline avait sans doute auprès d'elle un ange gardien, sous les traits de la dame d'honneur ou plutôt de l'amie intime de sa mère, Mlle de Tann, qui bientôt après épousa le général de Both. Son attachement pour la jeune Hélène était sans bornes ; il lui eût rendu possible tous les sacrifices. Plus tard encore, lorsque ses soins devinrent moins pressants, cette fidèle amie ne laissait passer aucun jour sans se convaincre par ses propres yeux de l'état de la jeune princesse. Elle s'appliquait sans relâche à trouver en Hélène des traits de ressemblance avec sa mère, et lorsqu'elle remarquait un nouvel indice qui la lui rappelait, son cœur tressaillait d'une secrète joie.

Toute la nature de l'enfant annonçait le germe d'une indépendance spirituelle qui dépassait de beaucoup les limites ordinaires. Quelque intimement attachée qu'elle fût à ses amis et à son fidèle précepteur, il y avait pourtant en elle un élément qui ne pouvait être fondu ni dissous au feu de l'affection et qui restait inattaquable.

Ce n'était pas l'ordinaire obstination d'une indépendance enfantine, mais il y avait en elle un esprit qui, de bonne heure déjà, régnait et veillait en maître sur ses penchants naturels, sur ses plus vifs élans d'enjouement et de gaîté, comme sur ses secrètes méditations. Un homme qui aurait observé à fond l'enfance aurait dit d'elle : il y a dans cette jeune fille le germe d'un *caractère* dont aucune force extérieure n'empêchera le développement, et qui, entré dans une bonne voie, la dirigera d'un pas ferme à sa haute destination. Il fallait donc pour Hélène une méthode d'éducation dont Kästner reconnait l'utilité pour en avoir fait lui-même l'expérience :

Als ich ein Knabe war, da trat *ein Mann* heran :
Da sah ich ihn und streckte mich, *und ward ein Mann*. [1]

Peu de jours avant sa mort, l'épouse du grand-duc Frédéric-Louis lui avait fait la confidence d'un vœu de son cœur : elle l'avait exhorté, pour son bonheur et celui de leurs enfants, à demander un jour la main de la princesse Auguste de Hesse-Hombourg. Cette amie, lui avait-elle dit, était seule capable d'être une mère pour les jeunes orphelins, de vouer tout son cœur, toutes les forces de sa vie à une œuvre à peine commencée et si tôt interrompue par la volonté du Seigneur. Il aurait en elle pour le reste de ses jours une compagne en état de le comprendre et de diriger sa maison avec le tact, la dignité et la fermeté nécessaires.

La pensée de contracter de nouveaux liens ne put entrer qu'avec peine dans l'âme si éprouvée du prince ; celle dont il sollicita la main devait, de son côté, difficilement se résoudre à échanger son indépendance, où elle trouvait le bonheur, contre une vie toute différente dans une cour étrangère. Mais, quelle que fût l'énergie de son caractère, elle avait eu dès sa jeunesse des luttes intérieures qui lui avaient appris à soumettre la

---

[1] Je n'étais qu'un enfant, lorsqu'*un homme* se montra à mes regards ; je le contemplai, je m'allongeai et je devins *un homme*.

volonté du cœur aux dispensations de Celui dont les voies ne sont pas nos voies. Elle aurait voulu répondre négativement à la demande réitérée de sa main, qui lui était adressée de Mecklenbourg, mais une voix intérieure et puissante, qu'elle avait l'habitude de consulter, répondit affirmativement, et elle se soumit à cet appel.

C'est ainsi que la jeune princesse Hélène eut une seconde mère, qui exerça l'influence la plus décisive sur son développement intérieur et la direction de toute sa vie. Un ami, qui a été témoin de l'œuvre opérée par la nouvelle duchesse dans la maison de son époux et spécialement dans le cœur des enfants, écrit à ce sujet :

« Humainement parlant, c'est à la princesse Auguste que la jeune duchesse Hélène doit son éducation, et je bénis Dieu que le monde ait pu contempler et apprécier dans Madame la duchesse d'Orléans le fruit des prières et du dévouement de sa seconde mère. »

Au printemps de 1819, je quittai Mecklenbourg pour me livrer de nouveau aux études scientifiques de ma profession. L'aînée des princesses qui, plus tard, sous le nom de duchesse Marie d'Altenbourg, fut généralement aimée et respectée, avait terminé son éducation, et, par là, ma tâche principale était aussi achevée. La Providence avait veillé sur les plus jeunes enfants du grand-duc, Albert et Hélène, mieux que ne l'auraient pu faire les meilleurs conseils et les plus sages intentions de l'homme ; car, à côté de l'excellent gouverneur de Brandenstein, le prince Albert avait un précepteur qui joignait le sérieux le plus profond au caractère le plus affectueux. Le souvenir de ce digne homme, entré si tôt dans son repos, humecte encore mes paupières, et l'affection que je lui ai vouée ne peut vieillir dans mon cœur. C'était le candidat en théologie Koch, fils du vénérable et vieux pasteur de Bellahn, qui, à l'exemple du prêtre et roi de Salem, menait une vie sainte et solitaire au milieu de la génération d'alors ; étendant ses mains avec prière sur un vaste champ de travail, dans lequel son esprit de foi « percevait au loin le bruit et le mouvement des ossements des morts. » (Ezéchias, 37.)

Le fils avait la foi et la fidélité de son père ; je ne sais si j'ai jamais vu dans ce monde un homme qui ait, comme lui, « aimé de tout son cœur et de toute son âme, » en conciliant la douceur de saint Jean et le zèle bouillant de saint Pierre. L'intérêt avec lequel Hélène prenait part aux leçons de religion qu'il donnait au prince Albert, a sûrement été béni.

Outre la princesse Auguste, qui entourait Hélène du rempart protecteur de l'amour maternel, l'enfant était confiée aux soins vigilants d'une Genevoise, Mlle Nancy Salomon, au sujet de laquelle je dirai, dans un prochain chapitre, quelques mots recueillis de la bouche d'un bon et fidèle témoin.

Le but que s'était proposé l'éternelle Sagesse en soutenant de tous côtés cette plante délicate, fut bientôt révélé à l'approche d'un orage qui, en éclatant, ébranla le jeune cep jusqu'à la racine. Le noble grand-duc Frédéric-Louis mourut le 29 novembre 1819, dans toute la force de l'âge. Il y eut auprès de son lit de mort des déchirements, d'ardentes prières, des luttes qui laissèrent dans l'âme des enfants de permanents souvenirs. Les lettres qui me furent alors adressées me permirent de vivre en esprit avec cette famille si éprouvée et de suivre le prince jusqu'à sa dernière demeure.

Depuis mon départ pour Erlangen, j'étais au reste en correspondance continuelle avec mes amis de Ludwigslust. Les enfants m'avaient aussi écrit ; le prince Albert, à dater de mon départ de Mecklenbourg en 1819 ; et, déjà en 1822, la princesse Hélène avait joint à une lettre de son frère les mots suivants tracés d'une main sûre et correcte, bien rare chez un enfant de huit ans : « Cher professeur, comme mon frère vous écrit, je veux vous dire que j'aime à penser à vous. »

Je reproduis ici quelques phrases de la première lettre proprement dite que m'adressa cette chère enfant à l'âge de neuf ans. Elle est datée de Ludwigslust, 18 avril 1823.

« Cher professeur ! Que je porte envie à Madame de Bechtolzheim, qui aura le bonheur de vous voir, ainsi que votre chère famille. J'espère qu'elle vous dira combien nous parlons de vous et des belles histoires que vous nous avez racontées.— Notre cher M. Koch sait aussi de bien jolies histoires ; il me donne des leçons qui me font grand plaisir. Songez, je vous prie, cher *pro*¹ que je n'ai pas une seule syllabe de votre main, et qu'une petite lettre me réjouirait fort. — Adieu, cher professeur, n'oubliez pas votre Hélène.— Ma Nancy vous salue cordialement. »

Je donnai suite avec plaisir à cette enfantine invitation, qui a été pour moi dans le cours de ma vie une source de jouissances d'un ordre élevé.

IV

L'INSPIRATION HEUREUSE.

Un ancien chroniqueur, qui raconte les exploits et la vie du grand empereur allemand Frédéric Ier le Saxon, dit de lui qu'il avait toujours *l'inspiration heureuse* ².

Ces simples paroles sont, en effet, le meilleur éloge qu'on puisse faire des sentiments et des actions d'un homme. C'est là un don de Dieu accordé aux âmes qui sont préparées par leur pénétration naturelle à le rece-

---

¹ Professeur. — Le prince Albert, dans son enfance, employait fréquemment ce diminutif, et sa jeune sœur l'imitait. (*Note de l'auteur.*)

² Le texte allemand signifie littéralement : *il saisissait toujours la main droite.*— Le traducteur croit pouvoir sans inconvénient retrancher ici quelques phrases de l'original.

voir. La duchesse l'a possédée dès son enfance, car on pouvait remarquer dans toutes ses pensées et ses actions, qu'elle avait l'inspiration heureuse. Je laisse ici parler un témoin clairvoyant et loyal, qui a vu journellement la princesse Hélène dans la période d'épanouissement de sa jeunesse.

La direction à la fois grave et affectueuse, imprimée par sa mère à l'éducation de la jeune princesse, avait pour base d'*accompagner* et de *suivre*, plutôt que de *précéder*, car cette dernière méthode veut une stricte obéissance. « La grande-duchesse savait par sa propre expérience ce que c'est que d'avoir du caractère, bien qu'elle ne déployât le sien vis-à-vis de son entourage qu'en l'adoucissant sous les formes les plus délicates que le cœur puisse dicter. Mais elle pouvait d'autant plus facilement distinguer dans sa jeune fille le germe le plus vigoureux d'une nature portée à l'indépendance. Hélène était à ses yeux un sujet d'étude neuf et souvent énigmatique, qui attirait toute son attention. Ce qui étonnait surtout sa mère et lui donnait parfois quelque inquiétude, c'était de voir l'aisance, l'assurance et le courage avec lesquels la jeune princesse agissait, jugeait, décidait, comme si elle n'eût jamais besoin de réfléchir. Cette spontanéité avait aussi son charme; tout lui venait comme par inspiration; c'était l'effusion, la fraîcheur d'un jeune cœur, et une touchante bienveillance se faisait sentir dans toutes ses paroles, ses jugements et ses actions.

« On aurait pu penser qu'une certaine présomption

se serait dissimulée sous un caractère si indépendant et une nature si décidée, mais on se serait absolument trompé. Il y avait en elle un esprit qui la surveillait et dont sa conscience délicate lui faisait entendre la voix. A l'aide de ce bon génie, elle s'élevait au-dessus de sa propre nature et pouvait railler, rire ou pleurer en songeant à elle-même. Elle avait appris de bonne heure le secret de l'éducation spontanée; ce secret consistait pour elle à être attentive, non aux remontrances des hommes, mais à la voix de sa conscience, qui lui apprenait ses devoirs envers Dieu et le prochain. Dès son enfance, elle avait besoin de s'isoler pour vivre avec ses pensées, dont elle ne livrait pas le secret par des paroles, mais beaucoup plus et presque exclusivement par ses actions. Elle ne pouvait souffrir de faire de ses sentiments un passe-temps de société. Plus le besoin de la vie intérieure mûrissait en elle, plus souvent aussi elle se renfermait dans son cabinet; et, quand elle en sortait, on pouvait lire sur sa physionomie, à la fois aimable et sérieuse, qu'elle avait été avec l'ami et le maître de son cœur, qu'elle s'était entretenue avec Dieu, et Dieu avec elle. »

Ainsi se conserva dans sa force et sa fraîcheur cet esprit, qui était la joie et la consolation de son cœur.

En ne prenant que les vicissitudes de sa vie extérieure, on a souvent dit que Madame la duchesse d'Orléans avait été malheureuse. Sa mère, qui la connaissait aussi bien que soi-même, en jugeait autrement. « Hélène, disait-elle, n'a jamais été malheureuse. Elle a toujours su se faire à sa position, ce que je ne comprends pas moi-même. Elle a sans doute été douloureusement éprouvée ; après la mort de son époux, elle semblait avoir perdu tout bonheur et toute paix intérieure ; car le duc était un homme idéal aux yeux d'Hélène comme aux miens. Pendant quelque temps, la vue de ses enfants lui faisait mal ; elle semblait n'avoir de sentiment que pour la perte qu'ils avaient faite ; mais, au sortir de cette crise, elle a retrouvé la paix. — Oui, grâce à son cœur, elle a toujours su se faire à sa position. »

Lorsqu'elle était dans la fleur de sa jeunesse, cette heureuse disposition se manifestait fréquemment à l'extérieur par des élans de gaieté, surtout lorsqu'elle avait auprès d'elle la compagne et l'amie de son enfance, la comtesse Ida de Bassewitz, jeune fille toute gracieuse et toute aimable, au physique et au moral. Dans sa société, Hélène jouait encore volontiers et pendant des heures avec les poupées et les joujoux de son amie ; plus tard, elle bondissait encore avec elle dans les jardins et dans les appartements. Mais bientôt le goût des poupées fit place à un goût plus relevé pour les objets d'art. Elle ornait son appartement de figures de plâtre choisies. Sur son secrétaire se trouvaient entre autres, disposées à droite et à gauche, les figures de deux enfants, l'un lisant, l'autre écrivant. Ils avaient pour fonctions de l'exhorter à l'assiduité, qui était un besoin de sa nature. « Que ces enfants sont heureux ! disait-elle ; ils ne sont jamais distraits, ils ne se lèvent jamais, ne détournent jamais les yeux de leur travail : que ne puis-je lire et écrire avec un zèle aussi soutenu ! »

V

FRIEDENSBOURG.

Le moment était arrivé où la jeune princesse allait pouvoir satisfaire avec suite et succès le goût décidé qu'elle avait pour l'étude des sciences. La grande duchesse, qui entrevoyait les heureux fruits qu'une impulsion plus vigoureuse, imprimée à l'instruction de sa fille, aurait sur le développement de son caractère, se mit énergiquement à l'œuvre.

La fille aînée de la maison, la duchesse Marie, princesse aimante et pieuse, avait trouvé le bonheur dans son union avec un époux qui était en communion habituelle avec Dieu. Elle avait accompagné le duc George de Saxe-Altenbourg dans sa nouvelle patrie. Son frère aîné, Paul-Frédéric, duc de Mecklenbourg, avait épousé, de son côté, une princesse de la famille royale de Prusse, et habitait avec elle sa résidence. Le prince Albert, accompagné du chambellan de Brandenstein et de son fidèle précepteur Koch, était allé poursuivre ses études à Zurich, qu'illustrait alors l'activité du vénérable Hess, de l'antistès Gessner et d'autres hommes distingués, comme eux, par la foi et la science.

Le château grand-ducal aurait donc été assez vaste pour la grande-duchesse et la princesse Hélène, sur laquelle se portait maintenant sans partage la sollicitude maternelle. Il aurait pu offrir aussi un appartement convenable à l'instituteur qui avait été appelé à continuer l'éducation de la jeune fille, âgée alors de 11 ans. Il se nommait Rennecke, et il était prédestiné de Dieu à cette œuvre, par une réunion peu commune des dons du cœur et de l'esprit. Toutefois la grande-duchesse en avait décidé autrement. Elle cherchait une retraite où elle ne fût pas troublée dans son activité, et où sa fille pût développer son intelligence dans la solitude. Elle ne se laissa donc arrêter par aucune considération; dans l'automne de 1825, elle quitta les somptueux appartements qu'elle occupait dans une aile du château, et alla habiter, loin du bruit de la résidence, le palais qui est resté plus tard la demeure favorite de son veuvage.

Alors commença, pour elle et son entourage, une vie dont le charme original est décrit par une main amie, dans la lettre suivante :

« La dignité, la noblesse dont le port et les manières de la grande-duchesse portaient l'empreinte, toutes ses éminentes qualités nous avaient gagnés au point que nous n'avions d'autre pensée que celle de suivre ses intentions. Mais, quand nous cherchions à les lire dans ses yeux, nous reconnaissions bientôt qu'elle n'avait elle-même d'autre volonté que celle de faire ce qui plaît à

Dieu, et ce qui pouvait contribuer au fidèle accomplissement de ses devoirs de mère envers Hélène. Ainsi, nous travaillions tous à la même œuvre, chacun dans sa position et selon la mesure de ses forces. L'organisation du palais ressembla bientôt à celui d'une maison bourgeoise et chrétienne, dans laquelle, du matin au soir, à table et partout, le mot d'ordre est : Tout ce que vous faites, faites-le au nom du Seigneur Jésus et en vue de Lui. Parmi les personnes qui composaient, dans un sens plus étroit, ce paisible ménage, chacune avait un emploi se rapportant plus ou moins directement à l'œuvre de l'éducation de la jeune duchesse Hélène. Le précepteur Rennecke commençait sa journée par une explication de la parole de Dieu, et dirigeait ensuite son intelligente élève dans les divers domaines de la science humaine. Son enseignement absorbait 4 à 5 heures de la journée ; quelques heures étaient, en outre, remplies par les leçons que donnaient d'autres maîtres et maîtresses. A midi, l'on dînait en famille ; puis, dans les heures de récréation et dans les promenades, on surveillait les ébats de la jeune duchesse ; le soir, à huit heures, on prenait le thé dans le jardin, sous l'abri de la modeste cabane de bouleau, près du majestueux peuplier, ou dans le salon du palais. On passait là deux heures à lire à haute voix, à s'entretenir familièrement ; après quoi, chacun allait dans sa chambre pour y jouir de la paix de la conscience et du repos du corps. Quelquefois cependant, par un ciel étoilé, la studieuse princesse obligeait son précepteur et une partie de son entourage à se livrer à une autre occupation que celle de lire ou de faire la conversation. Elle ne se contentait pas d'étudier dans ses leçons du jour les terres et les empires de notre globe terrestre, elle voulait aussi connaître les principales étoiles et constellations du ciel, ainsi que les mouvements et les lois du système solaire. Cet enseignement avait pour elle un grand attrait, et pour en prouver sa reconnaissance à son maître, elle dessina de sa main, sur du papier bleu, une carte astronomique, qu'elle lui remit à son jour de naissance, en ajoutant que c'était lui qui lui avait appris à connaître ces lumières célestes. Elle voulait en dire davantage, mais elle ne put continuer. »

La grande-duchesse se proposait, non de faire briller les éminentes facultés de la princesse par d'éclatants résultats, mais d'éveiller en elle la persévérance et l'amour du travail, afin qu'elle apprît à s'occuper elle-même et acquît pour toujours le goût d'une solide culture intellectuelle. Cette méthode convenait parfaitement au caractère de la princesse, qui n'a jamais eu le moindre désir de se produire. En conséquence, le mode d'enseignement le plus convenable nous parut être de convertir les heures de leçons en heures de travail. Rennecke mit à exécution ce plan avec discernement et habileté. Ainsi, dans les leçons de religion dont il était chargé, on lisait un livre biblique ; il joignait à cette lecture les explications nécessaires, puis il laissait à la princesse le soin de noter elle-même et d'apprendre par cœur les passages qui lui plaisaient le mieux. Elle choisissait naturellement ceux qui, pendant l'instruction, l'avaient frappée par le rapport qu'ils avaient avec l'état de son âme. On pouvait voir par là les pas qu'elle faisait dans l'expérience chrétienne, et son cœur marchait à l'unisson de la science du salut. Ses progrès étaient visibles; les leçons de religion étaient celles qu'elle préférait, parce qu'elles l'introduisaient dans le royaume de l'éternelle vérité, qui était déjà pour elle une patrie. Ces leçons, en effet, ne devaient pas seulement avoir pour but la science dogmatique, mais elles devaient surtout l'initier au vrai caractère du royaume de Dieu sur la terre. La foi ne peut jamais, il est vrai, être considérée comme un fait naturel ou qui s'entend de soi-même; mais pourtant elle devient quelque chose de semblable, lorsqu'on reçoit le royaume de Dieu comme un enfant. On n'a jamais dit à la princesse qu'il *fallait* croire tel et tel point, mais bien qu'on *pouvait* l'admettre avec certitude, et qu'il était bon de se laisser toujours davantage dominer par l'esprit de foi.

De même que l'enseignement religieux, toutes les autres leçons prirent le caractère de leçons de travail. Ainsi on étudiait l'histoire de chaque peuple en lisant un ouvrage convenable. On dessinait à mesure une carte qui se remplissait peu à peu, et contenait une indication des faits principaux de l'histoire du pays et de ses habitants. Rennecke et son écolière dessinaient chacun leur carte, et quand ce travail était achevé, il n'était pas rare qu'il se fît un échange. Dans les leçons de géographie, on dessinait aussi des cartes ; et, pour faciliter la répétition, on notait sur place, avec des signes ou bien à la marge, ce qu'il y avait de plus remarquable. Tout cela n'était qu'un jeu pour une princesse dont le zèle et la conscience secondaient les talents. Sa mère assistait à toutes les leçons du matin et de l'après-midi et prenait une part active à l'enseignement. Ses observations neuves et spirituelles ne laissaient s'introduire aucune trivialité, et elle donnait fréquemment un intérêt inattendu à ce qui paraissait ne pas fixer l'attention de la princesse. Ici elle déployait en toute simplicité les admirables ressources d'un jugement perçant et fin, et d'un esprit qui embrassait sans peine tout ce qui était de sa sphère.

Elle ne se contentait pas d'être auprès de sa fille dans les salles de travail ; les promenades qu'elle faisait souvent avec elle dans les forêts et les champs, devenaient d'excellents moyens d'étude. Elle voulait partager avec elle les jouissances élevées que procurent les beautés de la nature, dont elle aimait à sonder les profondeurs. Les sciences naturelles avaient, en effet, offert à la grande-duchesse des objets favoris d'observation et de méditation. Les nombreux écrits du docteur G.-H. Schubert, ancien précepteur de cette noble maison, servaient de guide pour cette branche des sciences. On faisait aussi usage de collections diverses d'histoire naturelle et, pour l'étude de la botanique, d'herbiers artificiels d'une grande beauté.

Des champs et des forêts, où l'après-midi se passait si vite, revenons aux soirées, dont les entretiens avaient pour objet habituel cette patrie où l'on aspire à vivre éternellement. Avant de m'arrêter sur ce sujet, j'esquisserai à grands traits le portrait des personnes qui se réunissaient le soir autour de la grande-duchesse et de sa fille.

Quand on porte ses regards sur la carrière de la future duchesse d'Orléans, on doit admettre comme incontestable que la Providence a veillé d'une façon toute spéciale sur son éducation chrétienne, et qu'aucune prévoyance humaine n'eût pu réunir à Friedensbourg les éléments qui ont concouru à cette éducation.

Par une coïncidence remarquable, les trois confessions se groupaient dans le voisinage immédiat de la princesse. Son excellente gouvernante, Mlle Nancy Salomon, de Genève, qui, plus tard, épousa le colonel fédéral de Bontems, appartenait à la confession réformée. Ayant le cœur ouvert à l'ancienne foi dans toute sa vigueur régénératrice, elle inspirait le respect à quiconque sait apprécier ce sérieux chrétien qui transfigure l'homme tout entier. Ses yeux noirs, vifs et spirituels étaient tempérés par l'expression de sa bouche, que j'appellerai sympathique, et qui frappait surtout lorsque ses regards s'arrêtaient avec complaisance sur la princesse. Dès l'âge de deux ans, son élève avait été confiée à ses soins; le français était donc devenu pour la princesse une seconde langue maternelle, dont elle continuait à faire usage dans les entretiens de Friedensbourg. Personne n'était plus éloigné que Mlle Nancy Salomon de toute idée de mérite personnel ; elle avait horreur de tout ce qui aurait pu diminuer la gloire de Dieu. Elle attribuait à Dieu seul le progrès spirituel de la princesse; elle ressemblait à une jardinière qui éloigne volontiers de ses fleurs les mauvaises herbes, mais qui hésite à tirer du puits une eau froide et crue, afin d'en arroser des plantes trop délicates peut-être pour la supporter. La grande-duchesse, jouant sur son nom de famille, avait coutume de dire : « Nancy est une vraie fille de la sagesse de Salomon. » Par un effet de cette sagesse, elle a eu le bonheur, rare chez une gouvernante, de voir son élève grandir près d'elle, la dépasser à tous égards, et de sentir en même temps que leurs rapports, empreints d'estime et de confiance, n'en devenaient que plus intimes et plus touchants. Ce résultat en dit plus qu'il ne semble au premier abord, car la jeune duchesse avait un tel besoin d'indépendance et un caractère si prononcé, que, dans d'autres circonstances, une gouvernante aurait pu être fréquemment embarrassée. Mais ici tout allait de soi-même, car c'étaient des cœurs droits.

A côté de la gouvernante réformée, Mlle Gustavie de Sinclair, Parisienne de naissance et zélée catholique, veillait aussi sur la princesse. Elle était dame d'honneur de la grande-duchesse et intime amie de Mlle Nancy Salomon. Sa bonne humeur et ses excellentes qualités la faisaient aimer, et la princesse se sentait particulièrement attirée vers elle. En général, Mlle de Sinclair contribuait largement à animer la petite société ; sa cordialité et la naïveté de ses observations rendaient sa compagnie très-agréable à la princesse. Mentionnons encore une autre dame, catholique de cœur, avec une foi d'enfant ; c'était Mme la générale de Both, dont nous avons déjà signalé la tendresse et les soins maternels pour la princesse Hélène.

En regard de ces deux éléments influents, le précepteur de la princesse, le docteur Rennecke, représentait la confession luthérienne. C'est à peine si un autre homme aurait pu apprécier comme lui toute la grandeur de la tâche que lui imposait l'éducation d'une enfant si extraordinaire ; car il était animé d'un esprit dont le vol, toujours égal, s'élevait à une hauteur où le soleil ne se couche jamais. Il pouvait dire de ce qu'il enseignait : « Ce que nous avons vu de nos yeux et ce que nous avons contemplé. » — Nous voulons le suivre de plus près dans l'emploi que le Seigneur lui avait confié pour le bien de beaucoup d'âmes.

Par ses relations diverses avec les luthériens de Silésie, notamment avec Scheibel et Henri Steffens, il était devenu luthérien décidé. En dépit de sa modestie et de son aversion naturelle pour tout orgueil confessionnel, il se sentait le droit d'arborer le drapeau luthérien dans ses fonctions de précepteur d'une princesse de Mecklenbourg. Mais son zèle n'allait jamais au delà des bornes que lui imposait sa place dans le cercle où le dessein de Dieu l'avait conduit. C'était à lui de choisir et de lire à haute voix les ouvrages qui devaient édifier en commun les hôtes des réunions du soir. Il ne se passait, en effet, pas de soirée que la grande-duchesse ne demandât une lecture édifiante, pour éveiller et fortifier dans son entourage la foi vivante au Fils de Dieu, commun chef de son Eglise terrestre. Rennecke avait bientôt reconnu et senti que la communion de l'Esprit par le lien de la paix unissait tous les membres du cercle habituel. Ce lien ne devait jamais être affaibli ; il fallait, au contraire, s'appliquer à rendre l'harmonie toujours plus étroite.

Tous voulaient sérieusement la vie et non la mort ; ils voulaient veiller et être prêts pour la vie éternelle. Cette force vitale nous est donnée avant tout par le modèle et les préceptes que Christ nous a laissés. Mais après cette source fondamentale de notre vie religieuse, nous avons un stimulant dans l'exemple de cette nuée de témoins, chez lesquels la vie en Christ s'est incorporée et glorifiée. Rechercher et entendre ces fidèles témoins, qui ont confessé le nom du Seigneur par leurs paroles édifiantes et leurs actions, c'est là une belle tâche pour tous ceux qui aiment Jésus et veulent vivre en Dieu par lui. Dans tout le cercle de la grande-duchesse et de sa fille, il n'y avait personne qui ne se laissât volontiers diriger vers la demeure et dans le voisinage de Christ; tous passaient d'un commun accord de l'une à l'autre de ces montagnes sur lesquelles se sont posés « les pieds des messagers qui publient la paix. » (Esaïe, LII, 7.)

Ce qu'on cherchait, on le trouvait dans les principaux et vrais représentants des confessions catholique, luthérienne et réformée, dont on ne peut suspecter le témoignage. Les *Confessions* d'Augustin et d'autres ouvrages choisis du même écrivain formaient le portique par lequel on pénétrait dans les trois nefs de l'Eglise, séparées l'une de l'autre par des barrières. Comme témoins fidèles de la vie en Christ dans l'Eglise catholique, figuraient alternativement avec les messagers d'autres régions : Fénelon, Fr.-Léop. Stolberg, Joh.-Mich. Sailer, Fenneberg et M. Boos. Parmi les confesseurs luthériens, on entendait surtout le témoignage du docteur Martin Luther lui-même. On se servait à cet effet du livre alors très-répandu de Ultsch, monument de la réforme de l'Eglise, qui avait paru pour le jubilé de 1817. Il renferme des passages choisis dans toutes les œuvres de Luther, et disposés pour tous les jours ouvrables et jours de fête de l'année. On y apprend à fond ce qu'il faut devenir pour être chrétien. Le livre était d'ailleurs très-commode, parce que la date fournissait aussitôt la leçon.

En ce qui concerne l'Eglise réformée, on entendait les témoignages réunis dans l'excellent petit ouvrage

La doctrine du salut, qui est un extrait d'anciens écrits de théologiens réformés, pour la plupart français. Outre les principaux articles de l'Eglise wallone des Pays-Bas et de l'Eglise réformée de France, on apprend aussi à y connaître de plus près ces hommes qui ont été les colonnes de leurs Eglises, tels que Calvin, Daniel Superville, que la révocation de l'édit de Nantes avait exilé en Hollande où il prêcha l'Evangile jusqu'à sa mort; Jean Despagne, autour duquel les réfugiés français de Londres se groupaient en communauté; Daillé (Dallaeus), précepteur des fils du célèbre Mornay; Mestrezat, que le cardinal de Richelieu appelait le plus hardi pasteur de France; B. Pictet, auteur de chants sacrés pleins de mélodie. A côté des auteurs que ce livre faisait connaître par extraits, on étudiait encore Ezéchiel Spanheim, d'abord professeur à Genève, puis ambassadeur du roi Frédéric Ier de Prusse à la cour d'Angleterre. Dans ses célèbres discours académiques, il en appelait souvent à Thomas, duquel il aimait à citer de vigoureux témoignages en faveur de la divinité de Christ et de la réconciliation opérée par sa mort. Plusieurs ouvrages de l'Eglise anglicane avaient aussi leur place dans les soirées; entre autres les lettres édifiantes de John Newton et le *Secret de la sanctification* de Marshal. Les communautés moraves étaient représentées par des biographies et autres écrits s'adressant au cœur.

Nous ne pouvons, au reste, indiquer ici tous les éléments des lectures du soir; nous voulions seulement établir que Dieu peut réunir ce que l'homme sépare et ce qui sépare les hommes. Celui qui ouvre *un* ciel à tous ceux qui fondent leur espérance sur la mort de son Fils, peut seul produire sur la terre une céleste communion, la communion des biens célestes.

Les renseignements qui m'ont été communiqués sur les soirées de Friedensbourg, contiennent enfin une petite leçon du soir, que la princesse Hélène goûtait tout spécialement, parce que les règles de sa vie intérieure y étaient nettement concentrées sous la forme de demandes et de réponses. La voici:

« D'où proviennent tous les maux et tout mal dans le monde? Des pensées du cœur humain. — A quoi Dieu regarde-t-il dans l'homme? Au cœur. — Qu'est-ce que Dieu sonde dans toutes nos voies? Le cœur. — Quel est le bien le plus précieux pour le cœur? La grâce, qui affermit le cœur. — Que devons-nous garder le plus soigneusement? Le cœur. — Comment Dieu veut-il nous enseigner ses voies? Il veut mettre sa loi dans notre cœur. — Quel est le plus terrible châtiment de Dieu? Quand le cœur ignorant se voile de ténèbres et quand le cœur désobéissant s'endurcit. — Où est-ce que Dieu révèle son amour? Dans notre cœur par la foi. — Que nous procure la foi? La paix de Dieu dans notre cœur, qui est plus élevée que toute raison et qui garde le cœur et les sens en Jésus-Christ. — Quels sont les cœurs que Dieu aime? Il ne méprisera pas les cœurs humbles et froissés. — Qu'est-ce qui doit être nettoyé? Le cœur. — Que recevront ceux qui ont le cœur pur? Ils verront Dieu. »

Après avoir dessiné avec quelque soin le tronc et les rameaux vigoureux de l'arbre de vie qui était l'objet d'étude des réunions du soir, jetons un coup d'œil sur son vert feuillage et ses odorantes fleurs. A côté des voix graves ou suppliantes qui résonnaient autrefois sous les voûtes du temple, on entendait des cantiques d'allégresse et les sons des timbales et des harpes. Dans le monde visible qui nous entoure, les soupirs des créatures se marient aussi aux bruyants accents de la joie. Ainsi la grande-duchesse, dont la sollicitude s'étendait à tout, aimait à introduire dans les occupations du soir des éléments d'une autre nature; ce n'étaient plus des rayons directs de l'éternelle lumière, mais ils se reflétaient encore dans l'onde animée d'un frais ruisseau. On lisait, par exemple, d'innocentes productions humoristiques dans le genre du *Wandsbecker Bote*. On s'occupait avec plaisir d'œuvres scientifiques et de descriptions de voyages, quand elles offraient une lecture intéressante et utile. Les deux lettres suivantes que la princesse Hélène m'adressa dans sa douzième et sa quatorzième année, ont trait à ce genre de distraction :

Eté de 1825.

Cher professeur,

« Je vous remercie cordialement de votre aimable

livre et de la lettre que vous avez eu la bonté de m'écrire ; l'un et l'autre m'ont fait un grand plaisir.

« Que j'ai plaint le pauvre Martelle [1], qui était tombé dans les mains des Turcs et qui a été si affreusement maltraité par eux ; mais que j'aime sa grande patience et sa foi énergique, qui a sûrement fort allégé sa situation !

« Je regrette fort de n'avoir pas visité avec Albert mon cher professeur, qui savait nous raconter de si belles histoires, et de n'avoir pas parcouru avec lui les beaux environs d'Erlangen ; mais j'espère que cette joie m'est réservée pour une autre occasion.

« Je vous prie de saluer très-cordialement de ma part votre chère femme, ainsi que Selma et Adeline. Adieu, cher professeur ; gardez un peu d'affection à

Votre HÉLÈNE. »

Mon cher professeur,

« Vous êtes vraiment beaucoup trop bon de penser encore à moi et de m'envoyer un si aimable petit livre. Je ne puis assez vous remercier de la grande joie que vous nous procurez à tous. Nous le lisons tous les soirs, et nous vous avons maintenant accompagné jusqu'à Lyon. La description de la diligence nous a beaucoup amusés, mais il est bien dommage que vous ayez

---

[1] Allusion à un petit écrit que j'avais publié vers cette époque à Erlangen. *(Note de l'auteur.)*

été dérangé dans votre antichambre par un compagnon de route si désagréable. J'ai pris aussi un vif intérêt à la belle histoire des deux bons petits enfants, qui ont été sauvés d'une façon si remarquable dans la Forêt-Noire.

« Notre Albert a eu l'été passé un très-grand plaisir à vous voir, cher *pro*. Il m'en a tant parlé que j'aurais bien voulu être du voyage, mais je ne sais pourtant si j'aurais eu autant de courage que votre chère femme.

« Nous ferons cet été, si Dieu le permet, une excursion en Suisse pour voir notre cher Albert. Je m'étais fort réjouie à la pensée que nous vous verrions encore à Erlangen, mais cela ne doit pas être. Dieu veuille que nous ayons une autre fois ce plaisir !

« Maman vous aura déjà peut-être parlé de mon précepteur actuel, M. Rennecke, qui est extrêmement bon ; je l'aime beaucoup et ses leçons aussi. Il vous connaît déjà, car nous lui avons souvent parlé de vous, et il a un grand désir de faire votre connaissance.

« Oserais-je vous prier, mon cher et bon *pro*, de saluer votre chère femme et vos filles, et de penser quelquefois à votre affectionnée Hélène. »

Ludwigslust, 26 mai 1827.

Je vais ajouter quelques mots sur une partie de la jeunesse du prince Albert, non-seulement pour éclaircir quelques passages de ces deux lettres si naïves, mais encore parce que tout ce qui concernait le frère était en rapport étroit avec l'horizon de la princesse Hélène.

Dans l'été de 1825, il vint me voir à son passage à Erlangen avec son gouverneur, M. de Brandenstein. Je leur montrai la magnifique contrée et les grottes de Muggendorf; puis je les accompagnai à Nuremberg chez mon ami C. de Raumer, où ils firent aussi la connaissance de Ranke, mon gendre futur. De Nuremberg, les deux voyageurs se rendirent directement en Suisse, terme de leur voyage et but de leurs désirs. Le prince Albert devait séjourner quelque temps à Zurich pour étendre la sphère de ses connaissances et de ses observations par l'étude des sciences et la contemplation d'une splendide nature.

A Erlangen, je les avais chargés de salutations pour mon cher ami et frère David Spleiss, alors professeur à Schaffhouse, sa patrie, et, en même temps, pasteur à Buch. La connaissance de ce digne serviteur de Dieu fut le premier fruit spirituel que cueillit mon cher prince Albert, en mettant le pied sur le sol des grandes merveilles du Créateur. Il arriva bientôt après à Zurich, au centre même de ces magnificences. Il y fut amicalement accueilli dans la maison de l'antistès Gessner, gendre de Lavater. Le vénérable Hess, alors chargé d'années, le reçut avec une affection paternelle, et lui fit don de l'un de ses spirituels écrits, le *Voyage à l'île de l'espérance*. Le docteur Hirzel, gendre du chanoine du même nom, et M. Jean Schlatter furent bientôt de bienveillants amis des nouveaux arrivés, qui fréquentèrent aussi les maisons du négociant Wichelhausen et de Lochner, où ils se trouvaient en famille, comme dans la demeure de Gessner. Ils reçurent à l'improviste de Nuremberg la visite de Raumer et de Ranke.

En 1826, à mon retour d'Italie, j'avais donné rendez-vous à Milan au prince Albert, que j'y trouvai en compagnie de M. de Brandenstein et de son précepteur, le candidat Koch. J'ai raconté en détail, dans le dernier volume de mon voyage au sud de la France, l'excursion que nous fîmes ensemble jusqu'à Brigue, en Valais, par le lac Majeur et le Simplon. Le prince Albert me décrivit aussi, dans une lettre du 17 octobre 1826, la suite de leur voyage jusqu'à leur retour à Zurich.

Dans une lettre postérieure, du 31 octobre 1827, il parle avec effusion du bonheur qu'il a eu de recevoir la visite de sa mère et de sa sœur Hélène. Cette entrevue en Suisse, et tout d'abord à Zurich, fut pour le frère et la sœur une source d'intimes jouissances, telles qu'ils n'en avaient jamais éprouvé de semblables. En prenant congé d'eux, le vieux et vénérable antistès Hess les bénit et pria en étendant ses mains tremblantes sur la tête de la princesse Hélène et de son frère, et je sais que les paroles prononcées par ce fidèle pasteur sont restées gravées dans leur cœur.

Il me semble à propos de mentionner que, peu après leur joyeuse rencontre à Zurich, ils furent appelés près d'une tombe à méditer sur leur propre fin. Ce fut d'abord le tour du prince ; et l'expérience que fit son cœur se trouve consignée dans un passage de la dernière lettre qu'il m'écrivit de Zurich (13 avril 1828) :

« Notre compagnie de voyage a perdu l'un de ses membres ; le fidèle Puls [1], après une maladie de 15 jours, est mort d'un abcès au poumon. Je n'ai pas besoin de vous dire que cette perte m'a été très-sensible. La vue des souffrances, puis celle du cadavre, laisse une impression ineffaçable. Lorsque je le vis pour la dernière fois, il était assis ; son regard était terne, son visage livide et décharné ; les souffrances avaient atteint leur paroxysme. Quand je vis le cadavre, l'impression fut tout autre. La souffrance avait disparu ; l'enveloppe mortelle était là sous mes yeux, mais la bouche était fermée pour toujours : l'âme s'était envolée. Mort ! disait une voix dans mon cœur. Je le vis une dernière fois dans son cercueil découvert, avec un bouquet de fleurs sur la poitrine et le sourire au coin de la bouche ; alors je crus le voir dans son repos, et je sentis qu'il était heureux. Ah ! oui, Dieu veuille nous réunir tous un jour auprès de son trône, où il n'y a plus ni deuil, ni cri, ni souffrance ! »

Je place encore à la fin de ce chapitre une courte poésie que la princesse Hélène, alors âgée de 14 ans (1827), écrivit au retour de son voyage en Suisse. Comme l'indique le contenu, elle fut composée vraisemblable-

---

[1] C'était le nom d'un loyal serviteur du prince, qui avait fait avec nous, l'année précédente, l'excursion de Milan à Brigue. *(Note de l'auteur.)*

ment à Dobberan, sur le rivage de la patrie et en vue de la mer qu'elle venait de revoir.

Seyd mir gegrüsst ihr lachenden Hügel [1]
Herrlich gekrönt mit grünendem Laub ;
Mild umweht von Zephyrs Flügel
Werdet ihr keines Sturmes Raub.

Sey mir gegrüsst, o ruhiges Meer,
Brandende Wogen am einsamen Strand,
Spiegel dem nächtlichen Sternenheer,
Sey mir gegrüsst mein Jugendland !

Theure Bilder verflossener Freuden,
Verschwunden sind sie nach kurzem Spiel ;
Möge der Schmerz vom irdischen Scheiden
Wenden das Auge zum seligen Ziel.

VI

AFFLICTION ET JOIE.

La mort d'une amie porta, bientôt après, au cœur de la princesse Hélène, un coup bien plus sensible et plus profond qu'à celui de son frère Albert. J'ai déjà mentionné plus haut la jeune et aimable comtesse Ida de Bassewitz. Dès sa troisième année, elle avait été élevée

[1] Nous n'essayons pas de décolorer par une froide traduction cet essai poétique, qui respire un amour si vrai *des deux patries.* *(Note du traducteur.)*

avec Hélène comme une sœur; et, en grandissant ensemble, les deux amies n'avaient jamais qu'un cœur et une âme. Ida était un peu plus âgée que la princesse; et, quelque énergique que fût la volonté d'Hélène, sa tendre affection pour sa sœur d'adoption la plaçait volontairement au second rang. Le moindre désir, la moindre volonté qu'elle pouvait deviner dans le regard d'Ida, devenait pour Hélène une loi de son propre cœur, à laquelle elle obéissait aussitôt. On pourrait dire que le lien d'affection qui existait entre ces deux enfants ressemblait au parfait bonheur d'une union conjugale; les rapports d'Hélène avec Ida étaient ceux d'une épouse qui n'a de volonté que les désirs et la volonté de son époux. Elles avaient, il est vrai, cessé de vivre l'une près de l'autre, parce que le comte de Bassewitz avait rendu Ida à sa mère, mais elles se faisaient de fréquentes visites et leur amitié s'épanchait dans une intime correspondance. Peu de semaines après sa confirmation, cette Ida si chérie meurt subitement, le 6 septembre 1829. La douleur de la jeune princesse fut plus profonde qu'on ne l'aurait attendu de son âge et de la gaîté naturelle de son caractère; elle la préparait à une autre et déchirante douleur qui devait l'atteindre treize ans plus tard, à la mort de son époux. On ne put la dissuader de faire un voyage au tombeau de son amie; l'ébranlement de son âme inocula en elle le germe d'une fièvre nerveuse, qui éclata à son retour et mit sa vie en danger. La vigueur de sa jeunesse eut le dessus; elle guérit ; mais malgré le retour de sa sérénité habituelle, on remarquait en elle une disposition sérieuse et mélancolique, qui constatait la vérité de ce proverbe français: «La tristesse est dans le cœur ; la gaîté, dans l'esprit.» Plus tard, à l'époque de sa vie où elle fut frappée du coup le plus accablant, cette disposition devint plus habituelle encore, mais la gaîté de son esprit l'a toujours dominée.

Cet examen de soi-même, où la joie était à côté de la douleur, cette préoccupation de l'éternité avait une importance toute particulière à l'âge où se trouvait alors la princesse ; car sa confirmation allait être pour toute la durée de sa vie un appel et une initiation. L'image de son amie était sans cesse devant ses yeux, mais elle ne l'attirait plus vers la terre, comme autrefois ; il lui semblait, disait-elle, que son amie, du séjour des bienheureux, la bénissait et faisait pénétrer dans son âme les rayons d'un impérissable amour. Ce fut pour elle un moment sérieux et solennel, lorsque, le 30 mai 1830, elle fit, dans l'église de Ludwigslust, et en présence de la communauté, la profession de foi suivante qu'elle avait écrite de sa propre main :

« Après que Dieu, dans sa grâce et sa miséricorde, m'a reçue par le baptême dans l'alliance de réconciliation par Jésus-Christ ; après qu'il m'a fait connaître sa Parole, et par elle mon état de péché et de corruption; après qu'il a attiré mon âme à Lui par de continuels appels et exhortations, je fais ici profession publique de la foi qui, par l'action du Saint-Esprit, est devenue l'inébranlable fondement de ma vie terrestre et éternelle, ainsi que de toutes mes espérances.

« Je crois en Dieu le Père, créateur du ciel et de la terre, qui a tant aimé le monde qu'il a donné son Fils unique, afin que tous ceux qui croient en lui ne soient point perdus, mais qu'ils aient la vie éternelle. Il a eu aussi compassion de moi, m'a adoptée par un effet de son amour et de sa longanimité, et m'a pardonné mes péchés comme à son enfant réconcilié par les mérites de son Fils. C'est sur la foi au Fils unique du Père que je fonde uniquement le salut de mon âme et la justice avec laquelle je puis subsister devant Dieu ; car Jésus-Christ, par son humanité, ses amères souffrances et sa mort, a fait pour moi ce que je ne puis faire de moi-même ; et, par la foi en son inépuisable amour et en sa grâce, il me rend participante de son salut. Après m'avoir ouvert la porte du ciel par sa résurrection et son ascension, il intercède pour moi auprès de son Père céleste, afin que je ne meure pas au péché, mais que je vive.

« Je me donne toute entière par la foi à Lui, qui m'a sauvée et m'a rachetée. Envisageant chaque circonstance de ma vie comme une dispensation de son amour, je le prie, Lui qui est le principe et le consommateur de ma foi, de me préserver de tout mal par son Saint-Esprit, et de me conserver en étroite communion avec Lui, afin que je passe ma vie en regardant constamment à Lui, et que je sois trouvée fidèle. Amen ! »

La princesse avait désiré entendre, pendant la solennité, le chant d'un ancien cantique de Martin Schalling, cantique énergiquement inspiré, qui était particulièrement cher à Gellert. Mais, comme l'exécution de la grave et belle mélodie qui l'accompagne offrait de plus grandes difficultés qu'à l'époque où le chant d'église était cultivé comme art[1], il fallut la confier à un chœur choisi. L'impression que ce cantique produisit sur toutes les personnes présentes à la profession de foi de la princesse, n'en fut pas affaiblie, car on peut dire qu'il n'était pas seulement l'expression des émotions du jour, mais en-

---

[1] L'anecdote suivante, que j'ai introduite d'après Simon Pauli dans mon ouvrage *Ancien et nouveau*, parmi les *Communications du temps de l'Empire*, sert à démontrer jusqu'à quel point cet excellent cantique était autrefois populaire. Un honorable et pieux bourgeois de Lubeck était à son lit de mort. Après avoir communié, il dit à sa femme de faire venir les musiciens de la ville pour qu'ils jouassent quelque chose en sa présence. La bonne et pieuse femme est effrayée de l'idée mondaine de son mari; mais le confesseur pense qu'il faut céder au vœu du mourant. Les musiciens arrivent et le malade leur demande de jouer et de chanter son cantique favori : « Je t'aime, ô Dieu, de tout mon cœur. » Ils obéissent, et quand ils en sont au troisième verset : « Ah! Seigneur, qu'à mon dernier instant tes anges emportent mon âme dans le sein d'Abraham», le moribond se retourne du côté de la paroi, et expire sans aucun effort.

En me rendant à Dobberan avec le duc Adolphe, oncle de la princesse Hélène, je lui récitai un jour ce cantique; il lui plut tellement qu'il m'en demanda une copie, en souvenir de notre voyage. (*Note de l'auteur.*)

core l'image fidèle et prophétique des dispositions que la princesse devait garder dans son cœur jusqu'à sa fin.

Les paroles de ce cantique ont une majesté qui ne se révèle pleinement à l'esprit que sous les voûtes d'un temple. La chanson que gazouille l'oiseau branchier au premier souffle du printemps, ne produit pas, sans doute, une impression aussi élevée. Néanmoins son chant éveille dans le cœur de l'homme religieux un sentiment profond ; c'est comme un élan de la créature enchaînée à l'espérance vers les régions élevées de la liberté de l'esprit racheté ; quand on connaît la Parole qui parle de cette liberté, on aime à entendre le chant de l'oiseau des bois. Je place donc ici deux poésies que la jeune princesse composa à l'âge de seize ans; elles témoignent des sentiments qui dominaient dans son cœur à l'époque de sa vie dont nous nous occupons maintenant[1].

Ce n'est point du tout l'art que nous voulons relever dans ces essais, car la princesse n'avait alors guère étudié les modèles de la poésie moderne. Les pensées qui s'y font jour et l'âme qui les a inspirées, pouvaient seules donner à nos yeux de l'importance à ces fleurs éphémères. Qu'on compare, si l'on veut, ces élans poétiques d'un jeune cœur au battement des ailes d'un jeune oiseau dans le nid maternel ; l'aiglon fendra bientôt la nue.

[1] Nous transportons à la fin de l'ouvrage le cantique dont il a été question, ainsi que les deux poésies de la princesse. L'une est intitulée : *Le chant des cygnes* ; l'autre : *Appel*.
(*Note du traducteur.*)

Sa verve n'était pas l'artifice de la phrase, mais l'éternelle vérité de ses sentiments et de ses pensées.

VII

UNE NOUVELLE ÉCOLE DE LA VIE.

La princesse ayant atteint l'âge de 17 ans (1831), M. Rennecke, son fidèle précepteur et guide spirituel, avait achevé sa tâche dans la maison ducale ; il allait occuper des fonctions auxquelles il avait été appelé par une direction imprévue et par les vœux spontanés de beaucoup d'âmes. Il fit auparavant un voyage dans le sud, passa par Munich, et vint nous voir avec sa nouvelle compagne, dont l'esprit, comme le cœur, était assorti au sien. Son arrivée me fut annoncée par une lettre de la princesse Hélène, qui nous était également chère à l'un et à l'autre. Voici cette lettre :

Cher professeur,
« Depuis longtemps je désirais vous écrire pour vous exprimer la reconnaissance que vos intéressants ouvrages ont éveillée dans mon cœur. J'étais toujours arrêtée par la crainte de vous importuner en vous dérobant un temps précieux, et je me contentais, en lisant vos écrits, de vous envoyer en pensée un cordial remercîment. Mais puisqu'une occasion favorable se présente mainte-

nant, j'en profite avec joie pour me rappeler à votre souvenir et vous prier d'accepter avec amitié un petit travail, qui se hasarde jusqu'à vous sous le patronage de ma mère, et qui vous rappellera peut-être notre Mer du Nord. [1]

« Notre bon monsieur Rennecke sera sans doute déjà arrivé à Munich, et aura satisfait le désir qu'il nourrissait depuis longtemps, de vous connaître de plus près. La lecture de vos œuvres, que j'ai faite sous sa direction, et les fréquents entretiens dont vous avez été l'objet, ont été le début d'une liaison qu'il a eu le bonheur de former maintenant. J'aurais un inexprimable désir d'en être témoin, mais je dois attendre son retour, et je jouis à l'avance de tout ce qu'il nous dira du *pro*.

« En lisant, l'année passée, *Le monde primitif et les étoiles fixes*, j'ai été ravie d'étudier le ciel et ses astres; j'ai admiré les incompréhensibles calculs des savants, et j'ai pensé à vous en revenant sur notre vieux globe. Cette année-ci, un tout nouveau monde, mais un monde animé, s'est ouvert à mes regards dans votre *Histoire de l'âme*, que je trouve très-attrayante. Malheureusement le départ de M. Rennecke ne m'a pas permis d'en achever la lecture avec lui; mais je l'ai terminée avec ma chère mère, qui a ouvert les yeux de mon entendement aux passages trop relevés, et les a

---

[1] C'était un excellent dessin d'un site de la côte, près de Dobberan.

descendus à mon niveau quand ma simplicité ne pouvait y atteindre.

« Mais maintenant, cher professeur, ce serait une indiscrétion de vous détourner plus longtemps de vos importantes occupations ; je me hâte donc de terminer en vous priant encore une fois de garder un bon souvenir à votre

Hélène. »

Le départ du digne et actif précepteur de la princesse n'avait pas arrêté le développement de son éducation, car on savait se procurer dans les livres l'instruction dont le besoin se faisait sentir. L'école intérieure du cœur, dans la joie comme dans la douleur, resta ce qu'elle avait été : le précepteur invisible, sous la surveillance et la discipline duquel elle se trouvait, lui était resté fidèle. A ces deux moyens de développement de l'âme et de l'esprit, vint s'associer encore l'école du monde, développée par les rapports sociaux, les observations, les expériences, les souffrances et les épreuves du cœur.

A dater de ce moment, la main d'une amie me dirigera et m'accompagnera fréquemment au travers des événements variés par lesquels la princesse Hélène se prépara à sa destinée. C'est une amie dont le cœur pieux et aimant soutenait fréquemment celui de la princesse, et dont la vie spirituelle avait une telle harmonie avec celle d'Hélène, qu'elle en était comme le miroir. La dame dont je parle ici est la même qui, dans une maison de deuil bien connue, a été un fidèle appui spirituel des cœurs brisés, et a témoigné de la puissance consolatrice de l'Evangile près du lit de mort d'un prince loyal et sincère, que la princesse Hélène aimait et respectait. Plusieurs passages de la suite de ce travail, marqués d'un signe spécial, sont tirés de lettres adressées à cette amie.

Au retour de son excursion en Suisse et dans une grande partie de l'Allemagne méridionale, la duchesse Hélène, sous la fidèle escorte de sa mère, donna suite aux invitations réitérées de se rendre dans la nouvelle patrie de sa sœur Marie et dans la belle Thuringe. L'un de ces voyages se fit dans le cours de 1831. On passa par Berlin où se trouvait alors le duc Albert. La princesse alla voir dans sa compagnie les chefs-d'œuvre du musée royal, qui firent une impression profonde sur sa jeune imagination.

A Weimar, la famille du grand-duc et le peuple entier la comblèrent des témoignages de la fidèle et profonde affection qui s'était transmise de la défunte duchesse Caroline à ses enfants, et surtout à Hélène. Elle décrit avec transport le cercle de famille réuni chez sa bien-aimée sœur Marie, dans la paisible et gracieuse résidence d'Eisenberg. Elle trouva dans l'époux de sa sœur, le duc George d'Altenbourg, qu'elle surnomme « le levier de toute noble et belle aspiration, » un frère fidèle jusqu'à la mort ; ses yeux et son cœur jouissaient de la vue et des caresses enfantines des trois jeunes princes, gages de cette heureuse union. A Rudolstadt, deux sœurs de la grande-duchesse accueillirent les voyageuses à bras ouverts.

Ces paisibles joies de famille furent bientôt troublées par la terrible nouvelle que le choléra avait envahi la patrie d'Hélène. Il fallait retourner sans délai dans le Mecklenbourg, si l'on ne voulait pas s'exposer à tous les ennuis d'une quarantaine. La duchesse Marie et les princesses de Rudolstadt demandaient, il est vrai, avec instances que la grande-duchesse prolongeât son séjour auprès d'elles, dans un pays encore épargné, jusqu'à ce que le fléau commençât à sévir avec moins de rigueur. Mais la jeune princesse, secondée plus tard par sa mère, représentait, avec toute l'éloquence de son cœur, qu'en de tels temps de détresse générale, le fidèle citoyen doit être à la place qui lui est assignée, dans sa patrie, où il est sous la haute et sûre garde de son Dieu. Ce fut donc « avec une joie indicible, » comme elle l'écrivait, qu'elle revit vers la fin de septembre 1831 le sol de sa patrie, près de Boitzenbourg, sur l'Elbe.

Les craintes qu'inspirait le choléra ne furent pas si tôt dissipées ; néanmoins elle eut la joie, dans l'été de 1832, de se trouver entourée de tous les siens à Dobberan, qu'elle appelait « l'Eden de son enfance. » En effet, le prince Albert et la duchesse Marie, avec son époux et ses enfants, s'y étaient donné rendez-vous. La présence de plusieurs hôtes, non moins distingués par les dons de l'intelligence que par l'éclat du trône, fut encore une nouvelle source de jouissances pour la jeune princesse, alors âgée de 18 ans.

Je transcris ici, dans presque toute leur étendue, quatre lettres écrites de sa main pendant la période de son développement que je viens de décrire. Elles serviront à compléter mes indications.

Cher et honoré professeur,

« Vous ayant écrit il y a peu de temps, je vous paraîtrai peut-être importune, mais il m'est impossible de laisser partir une lettre de ma mère à votre adresse sans répondre au souhait de mon cœur, ni vous exprimer ma profonde reconnaissance pour votre bonté. J'ai reçu, il y a quelques jours, le petit paquet que j'ai ouvert avec une joie inexprimable, parce que je reconnaissais votre main, toujours chère et bienfaisante; ma joie a encore été augmentée à la lecture de votre lettre si amicale, et à la vue des livres instructifs qui l'accompagnaient. Mes remercîments arrivent, sans doute, un peu longtemps après le départ de vos cadeaux, qui ont éprouvé un retard, parce qu'un voyage dans la belle Saxe, auprès de ma chère sœur et des siens, ne nous a pas permis de trouver M. de Oettl à Dobberan. Nous ne l'avons vu que quelques moments à Altenbourg, où il n'a pu remettre vos cadeaux à ma mère, et a promis de les envoyer de Mecklenbourg. Pendant le court séjour de la reine de Bavière à Altenbourg, j'ai eu la joie d'entendre votre nom sortir avec amour et respect de la bouche du prince Otto, dont j'ai fait la connaissance avec d'autant plus de plaisir que ma mère a reçu de vous un jugement très-favorable à son sujet. Qu'on est heureux, quand le cœur peut être comparé « au lac des hautes montagnes » au-dessus desquelles plane l'esprit. Mais aussi, que j'envie le bonheur du prince d'être à vos côtés et d'avoir de vous des leçons que vous seul pouvez donner !

« Il serait indiscret d'abuser plus longtemps de votre patience par mes ennuyeuses paroles; je me borne à vous prier instamment de penser quelquefois dans vos prières à votre Hélène, qui vous respecte et vous est entièrement dévouée. »

Eisenberg, 18 août 1831.

La deuxième lettre exprime les dispositions de la princesse dans les premiers mois de l'année 1832.

Très-honoré professeur,

« Je ne me permettrais pas de vous troubler dans vos occupations, si votre bonté déjà éprouvée ne m'était un garant de votre indulgence. Vous exprimer ma plus sincère reconnaissance est un besoin de mon cœur, car j'ai éprouvé une joie inexprimable à recevoir votre belle lettre et votre intéressant petit livre. Mon insignifiant petit travail ne méritait pas la façon amicale dont vous l'avez accueilli ; il sera heureux d'être parfois employé par vous ; et il ne l'est pas moins d'avoir provoqué une si excellente lettre, dans laquelle vous envisagiez avec tant de bonheur le cygne comme symbole de l'esprit de vie.

« Vous mentionnez dans votre lettre le grand triangle des étoiles au ciel [1], dans lequel vous voyez l'image de la trinité dans l'unité. J'en ai été très-réjouie, car cette pensée m'avait déjà frappée, lorsque je la trouvai dans votre *Histoire de l'âme* comme première origine de la variété ; j'aime, dans les nuits étoilées, à découvrir ce grand symbole au milieu des autres mondes lumineux.

« La biographie du vénérable Oberlin m'a vivement intéressée ; je l'ai lue avec un grand plaisir ; et pour que vous sachiez, cher professeur, que nous nous occupons toujours de vos écrits, je vous dirai encore que, pour nous procurer une innocente jouissance, nous vous suivons dans votre beau voyage en Italie, que nous admirons avec vous ces magnifiques contrées et l'héroïsme de votre chère femme. Nous sommes maintenant à Gênes, où je vous entends, avec un grand intérêt, parler des productions de l'art ancien ; j'ai hâte de lire la suite qui, d'après vos indications, promet encore plus de renseignements sur ce sujet.

« Mon cher Monsieur Rennecke, qui a dû me racon-

---

[1] Atair, Wega, Deneb, d'après le plus ancien mythe de Hug, etc.   (*Note de l'auteur.*)

ter longuement son séjour auprès de vous, m'a appris que la princesse Mathilde reçoit de vous des leçons. J'avouerai sincèrement que l'envie s'est glissée dans mon cœur en l'apprenant ; car, depuis que M. Rennecke est établi à Dargun, j'en suis réduite aux *moyens* qu'il m'a laissés pour continuer mes études ; l'esprit qui donnait la vie, manque absolument ; aussi aimerais-je à partager le bonheur de quiconque trouve l'occasion de se développer dans le domaine de la science. Que ne puis-je de temps en temps assister à votre enseignement !

« Ma lettre pourrait devenir trop longue, et je serais indiscrète de mettre plus longtemps à l'épreuve votre patience. Je me hâte donc de finir, en vous présentant les civilités empressées de ma Nancy, que vous n'avez pas sans doute oubliée, et en vous priant, cher professeur, de penser quelquefois à votre dévouée

Hélène. »

Ludwigslust, 13 février 1832.

La troisième lettre, écrite la même année que la précédente, a une importance particulière dans la petite série des lettres de cette période, qui permettent d'apprécier les progrès spirituels d'un cœur soumis à une haute discipline.

Dobberan, 12 août 1832.

Cher et honoré professeur,

« Vous voilà de nouveau forcé de lire quelques mots de vive reconnaissance, écrits par une jeune main qui vous est connue, et qui compte de nouveau sur votre entière indulgence et votre patience. Vos aimables lignes et les feuilles, dont le contenu est si intéressant, m'ont été remises par votre ami, le conseiller ecclésiastique de Oettl [1], homme qui éveille la confiance du cœur et le respect le plus profond; l'affection qu'il vous porte était, dès le premier instant, sa meilleure recommandation. Agréez ma plus vive reconnaissance pour le bon souvenir dont votre lettre m'a donné l'assurance. La persuasion de n'être pas entièrement hors de votre mémoire et de vos prières, est un bien doux sentiment; je dirai même qu'elle fortifie l'esprit et le cœur, et doit exercer sur la vie une heureuse influence.

« Le prince Otto m'a souvent intéressée en me parlant de vous et des leçons que vous lui avez données. Il paraît être un aimable jeune homme; je trouve du moins qu'il doit éveiller l'intérêt déjà par sa destinée et par une certaine naïveté qui, chez lui, est si attrayante. Bien que je l'aie souhaité, je n'ai jamais réussi à m'entretenir avec lui de sujets plus sérieux; néanmoins je suis convaincue qu'ils auraient eu pour lui aussi plus de charme que les fugitives questions de cette vie; mais que d'obstacles à l'accomplissement de nos souhaits! que de fois un inutile verbiage prend la place d'entretiens plus graves!

« Jusqu'ici Dieu a protégé notre heureuse réunion de

---

[1] Actuellement évêque d'Eichstædt.

famille ; mais maintenant il nous faut tous nous éloigner de ce riant Dobberan, de cette mer tant aimée, car ces côtes sont infestées par les miasmes du choléra. Le moment de la séparation est là ; chacun fuit de son côté et suit l'exemple de la noble et gracieuse reine [1]. Elle part avec toute sa cour, mais elle laisse un souvenir durable dans le cœur de tous ceux qui l'ont connue. Il en est de même des chers Bavarois qui l'accompagnent. Ils ont tous gagné mon cœur par leurs manières aimables et cordiales. Oh ! si tous les habitants de la Bavière leur ressemblent, ce doit être un magnifique et délicieux pays.

« Cher professeur, pardonnez, je vous prie, mon babillage ; mais cette séparation m'afflige tant ! Je voudrais aussi aller à Munich et entendre une fois de votre bouche les belles paroles qui, de temps en temps, me parviennent écrites.

« Ne trouvez pas mauvais que je vous prie d'accepter amicalement un petit souvenir, dont je souhaite que vous fassiez usage.

HÉLÈNE. »

La quatrième lettre, du 23 avril 1833, est écrite peu de temps avant un événement qui a exercé sur la vie de la princesse une influence décisive. Les expériences et les aventures du séjour de Dobberan pendant l'été pré-

---

[1] La reine Thérèse de Bavière, sœur du duc d'Altenbourg.

cédent, font encore en partie l'objet de cette lettre ; elle ne fait pas pressentir les épreuves qui passèrent sur le cœur d'Hélène comme des nuées d'orage, terribles et pourtant bienfaisantes.

Ludwigslust, 26 avril 1833.

Cher professeur,

« Il m'est impossible aujourd'hui de résister au désir que j'ai depuis longtemps de vous écrire. La date de ce jour sera mon excuse, si je vous dérobe un moment de votre temps si précieux. C'est un jour cher au cœur de tous ceux à qui vous avez fait tant de bien par vos paroles et vos écrits, en éveillant dans leur âme une voix qui n'est pas de la terre, mais qui est un écho du ciel ; un tel jour m'autorise à féliciter tous ceux qui, comme moi, vous connaissent et vous vénèrent, et à vous exprimer mes vœux les plus ardents pour l'année que vous allez recommencer.

« Ma reconnaissance pour les indicibles jouissances que vous seul êtes en état de procurer par vos écrits, voudrait s'exprimer autrement que par une lettre morte, dont je sens vivement la faiblesse, quand mes regards s'arrêtent sur ce cher petit livre bleu [1], qui parle si élo-

---

[1] Il est ici question de mes *Communications du temps de l'Empire*, qui se trouvent au 3ᵉ volume de mon ouvrage intitulé *Ancien et nouveau*, ou au 1ᵉʳ volume de la nouvelle série (Francfort, Heyder et Zimmer).

(*Note de l'auteur.*)

quemment à l'âme, qui en peint la vie la plus intime, et respire un esprit que vous seul savez animer. C'est aussi cet esprit qui fait le lien de notre cercle du soir, réuni autour de votre bel ouvrage ; il répand sur nous une paix qui rend votre souvenir encore plus cher. Ce sont toujours de vrais transports de joie, quand il nous arrive un nouveau jet de cette source si abondante; chacun de nous y puise avec avidité la connaissance de la vérité, et se sent fortifié. Mais c'est là aussi le seul dédommagement d'une séparation si longue qu'elle me semble une éternité ; car, depuis votre départ de Mecklenbourg, il s'est écoulé pour moi toute une existence, dans laquelle je me suis peu à peu dégagée des rêves de l'enfance, pour commencer enfin à saisir la vraie signification de la vie. Parfois encore, je reprends goût à ces fables de l'enfance, dans lesquelles repose le germe non développé de la vie. Il y a quelques années, par exemple, lorsque, dans cette vieille ville de Nuremberg, je me trouvais sous les mystérieuses voûtes de l'église St-Laurent, dont les vitraux peints brisaient les rayons du soleil couchant ; lorsque, à St-Sébald, les majestueux sons de l'orgue remplissaient la nef et identifiaient le passé et le présent ; lorsque toutes les productions de l'art du moyen âge s'offraient à mes regards ; que les quatre apôtres du vieux château me contemplaient gravement; que la ville entière, symbole de l'ancienne prud'homie, s'étendait devant moi au son des cloches, et que les prairies exhalaient leur parfum du soir, alors il me semblait entendre de tous côtés des voix enchanteresses ; je revivais dans la région des rêves de l'enfance. Et vous, qui aviez éveillé ces beaux rêves dans mon imagination, et qui les aviez embellis par vos contes, vous n'étiez pas là ; votre absence nous était si sensible à tous, que, si j'avais eu la magie à ma disposition, je vous aurais fait venir de Chemnitz. Je pensais alors beaucoup à vos chères filles. Je savais qu'elles habitaient la même contrée, mais malheureusement j'ignorais le lieu de leur séjour. Faites-moi le plaisir de leur transmettre mes salutations amicales. J'ai été réjouie de trouver leurs noms dans le petit livre bleu.

« La longue période de temps qui s'est écoulée depuis votre dernière lettre, a abondé en événements politiques et en progrès intellectuels de notre époque. La Bavière et la Grèce ont, en quelque sorte, confondu leur histoire, tous les cœurs ont palpité d'enthousiasme et de sympathie. Un vif intérêt accompagne l'héroïque expédition dans le beau pays des Hellènes, dont il doit être délicieux de fouler le sol ; ce malheureux peu le refleurira sûrement sous l'égide d'un gouvernement sage, et il trouvera dans l'obéissance aux lois la vraie liberté, qu'il a inutilement cherchée dans l'anarchie. La touchante et solennelle réception qu'il a faite à son roi peut justifier les plus belles espérances. Ce jeune roi doit être heureux de se savoir entouré de tant de prières qui s'élèvent à Dieu pour lui, pour son bonheur et celui de son peuple. Vous aussi, cher professeur, vous n'avez sûrement pas vu sans émotion votre élève s'éloigner pour remplir de si graves engagements ; ce départ a dû vivement affecter le cœur de son excellent précepteur, M. de Oettl. Oserais-je vous prier de me rappeler à son souvenir ? ses entretiens de l'été passé sont fidèlement gardés dans le mien. Votre bonté a si souvent comblé mes vœux que j'ose encore vous adresser une prière : si vos pensées prennent un jour la direction de Ludwigslust, veuillez me conseiller les lectures que vous jugerez instructives à tous égards. Le moment actuel devrait offrir tant de publications intéressantes ; et, cependant, il est rare qu'il en parvienne une jusque dans nos régions septentrionales. Beaucoup de cœurs y battent cependant pour les productions vivifiantes de l'esprit et désirent avec ardeur une source qui les désaltère.

« Il faut enfin que je cesse de babiller ; je le fais en me recommandant de tout mon cœur à votre souvenir et à vos prières.

« Je reste, cher professeur, avec la plus haute considération, votre reconnaissante

HÉLÈNE. »

« *P. S.* Ma Nancy et tous vos amis d'ici vous présentent leurs affectueux respects. Mon frère fera, cet été, la cure de Gastein et n'ira sûrement pas de ce côté sans vous voir ; j'en serais jalouse, si je l'aimais moins. »

VIII

OMBRES ET LUMIÈRES.

Entre tous les amis et les relations de Friedensbourg, personne n'osait espérer la guérison de Mme la grande-duchesse, qui était parvenue au dernier terme d'une maladie dont le cours semblait devoir l'emporter. L'art des médecins n'avait plus d'autre but que de déterminer, avec une apparente précision, le nombre d'heures au bout desquelles les douleurs cesseraient avec la vie; les amis de l'un et de l'autre sexe qui s'approchaient du lit de la mourante, n'avaient plus besoin de contenir leur émotion, car la malade ne voyait et n'entendait plus rien. Parmi toutes les personnes qui approchaient de la grande-duchesse, une seule n'avait pas perdu l'espoir, fortifiée qu'elle était par sa foi en la miséricorde de Dieu. C'était sa fille Hélène, alors âgée de 19 ans, qui fondait sur sa mère tout le bonheur de sa vie. Ni le découragement, ni une douleur sans espoir ne se peignaient sur son visage, qui ne réfléchissait que la sérénité d'une âme en communion constante avec Dieu. Elle avait la ferme assurance que Dieu ne lui prendrait pas cette mère chérie. Calme et maîtresse d'elle-même, elle la soignait nuit et jour dans la mesure de ses forces. Son espérance ne fut pas déçue; la grande-duchesse fut rendue aux siens.

Le danger passé, la jeune princesse, que sa foi seule avait rendue courageuse, eut alors la conscience de la gravité du coup qui aurait pu l'atteindre. Elle s'exprimait là-dessus en ces termes dans une lettre datée des bains de Tœplitz, et adressée à son intime amie :

« Celui qui m'a reçue en grâce, m'a donné un courage d'enfant, c'est-à-dire aveugle, et maintenant seulement il lève le voile qu'il avait lui-même placé sur mes yeux. Maintenant tout revit, en moi et hors de moi ; mes montagnes, mes chères et belles montagnes entonnent avec moi un chant d'allégresse. Elles réjouissent aussi infiniment ma chère mère, qui a déjà fait aujourd'hui deux promenades en voiture. Elle est heureuse de se sentir revivre, elle trouve du charme à tout objet nouveau ; elle se souvient à peine de la maladie et de ses souffrances ; tout lui paraît riant et serein. »

Les eaux salutaires de Tœplitz rétablirent entièrement la grande-duchesse, à la grande joie de sa fille, pour qui ce séjour eut, à un autre point de vue, une importance décisive. Le roi Frédéric-Guillaume III de Prusse, dont toute la vie témoignait de la vérité de cette sentence : « Il donne la réussite à ceux qui sont droits et il est le bouclier de ceux qui marchent dans l'intégrité, » Frédéric-Guillaume, selon son habitude, passait quelques semaines à Tœplitz dans l'été de 1833. La princesse Hélène l'intéressait déjà par la réunion de qualités rarement unies, par sa bonté de cœur et sa haute culture intellectuelle, par son aimable simplicité et son sérieux digne et modeste ; mais elle était, en outre, la belle-sœur de sa fille, épouse du jeune grand-duc de Mecklenbourg-Schwerin, Paul-Frédéric. Il alla souvent la voir et fut vivement frappé du tact exquis avec lequel elle le reçut et l'entretint, dirigée qu'elle était toujours par la justesse de son esprit et l'accord parfait des facultés de son âme. Cette impression ne fut pas passagère ; elle était encore vivante dans le cœur affectueux du noble roi, lorsque ses conseils engagèrent plus tard le jeune duc d'Orléans à porter son choix sur la princesse Hélène de Mecklenbourg, dont il appréciait les éminentes qualités.

De Tœplitz, les deux princesses se rendirent à Dresde, où elles passèrent quelques jours. Dans cette belle ville, l'art et la nature agirent simultanément sur l'âme de la princesse, mais les chefs-d'œuvre de l'art surtout la transportèrent d'admiration. Son goût et son jugement étaient si justes et si fins, qu'elle reconnaissait bientôt ce qui était vraiment digne d'admiration, et le distinguait de ce qui fait la joie et l'étonnement de la foule des curieux. « Dans l'art, comme dans la vie, il y a une vérité éternelle sous la forme passagère, » écrivait-elle à sa jeune amie et compatriote. « La vérité est ce qui touche le cœur au premier coup d'œil jeté sur une œuvre d'art ; la forme n'est qu'un vêtement, que des motifs extérieurs modifient. Mais le faux enthousiasme se passionne pour la forme qui change et la prend pour la vérité. »

A la suite de sa grave maladie, Mme la grande-duchesse Auguste devait passer l'hiver à Iéna, dans le voisinage immédiat du célèbre docteur et conseiller intime Starke, puis retourner, l'été suivant, dans l'un des établissements de bains de Hongrie. Avec le retour de ses forces, elle sentait renaître en elle une vie intellectuelle, dont l'élément naturel était l'étude de tout ce qui mérite d'être connu. Elle sut bientôt former autour d'elle un cercle choisi de savants et de professeurs de l'université d'Iéna, et se mit à sonder sous leur direction toutes les profondeurs de la science. A son exemple, l'esprit mobile de la princesse Hélène se plia facilement à cette tâche de butiner, comme l'abeille, des connaissances diverses. Ces travaux intellectuels faisaient goûter à la princesse un bonheur inexprimable. « Notre vie, » écrivait-elle à son amie, « est à la fois calme et agitée, uniforme à l'extérieur, mais riche en jouissances intimes. Les professeurs sont très-communicatifs ; c'est une belle vie, qui a pour moi un attrait infini. »

Le charme d'un séjour dans cette ville vouée au culte des muses, était encore augmenté aux yeux de la princesse par le voisinage d'Eisenberg, qui lui permettait de voir souvent sa sœur, et par le voisinage plus grand encore de Weimar, qui la rapprochait des parents de sa mère.

« Entourée des souvenirs de la vie de ma mère, » écrivait-elle, « j'ai passé de délicieuses journées dans le cercle de ma parenté ; j'ai aussi appris à connaître beaucoup de choses bonnes et intéressantes dans cette ancienne Athènes germanique. J'ai eu beaucoup de peine à m'en éloigner. »

Ainsi se termina pour la jeune princesse l'année 1833, pendant laquelle elle avait eu tant de jouissances; aussi commence-t-elle l'année 1834 par un souvenir de reconnaissance.

« Je m'étonne toujours, » écrit-elle à son amie au début de cette année, « je m'étonne des joies que Dieu m'accorde, comme s'il voulait me dédommager du passé et de l'avenir. Son amour paternel m'attire puissamment à Lui ; que ne puis-je lui offrir par ma vie un sacrifice d'actions de grâces! Depuis le rétablissement de ma mère, cette année a été heureuse à tous égards. Pourvu seulement que la joie ne soit pas sans consistance, et ne s'envole pas sans laisser de traces comme la nuée du soir ! En ce cas, je devrais désirer l'affliction pour mûrir mon cœur et mon esprit. Car que sont les délices de ce monde, si elles n'élèvent pas l'âme vers le ciel, source première des délices et de la félicité ? »

Ce désir d'un appel qui élevât son cœur à Dieu, fût-ce par les larmes, ne fut que trop satisfait en 1834. Le prince Albert, sur l'avenir duquel sa sœur et sa mère fondaient leurs plus chères espérances terrestres, avait fait, à une grande parade militaire, une chute de cheval qui avait eu pour suite de violents maux de tête ; cette disposition, à ce qu'il me dit, avait été encore aggravée depuis qu'il avait fait une autre chute du haut d'une vieille muraille du château de Cobeda, près d'Iéna. Quand il me fit une seconde visite à Munich, en 1833, à son retour des bains de Gastein, je le trouvai bien différent de ce qu'il était en 1828, lors de son premier passage. Dans ses entretiens avec des amis, il avait bien encore la même vivacité d'esprit, mais sa gaîté avait fait place à une sombre disposition qui se peignait souvent sur les traits de son visage, au milieu même d'une conversation enjouée. « Si vous saviez, » disait-il à ma femme, « quelles douleurs continuelles j'éprouve dans la tête, vous comprendriez le morne silence que je garde fréquemment avec des amis. »

Cette disposition ne provenait pas seulement de ses souffrances corporelles ; elle avait aussi sa source dans une profonde agitation de l'âme, qu'il m'a décrite dans une lettre datée de Gastein, où il manifestait l'intention de venir me voir. La voici :

Wildbald-Gastein, 28 juin 1833.

Mon bien cher maître,

« A mon départ de Berlin, je reçus de ma mère la bonne nouvelle que vous me permettiez de descendre chez vous à mon retour, et de passer avec vous quelques jours comme autrefois. Je ne puis exprimer la joie profonde qui s'empare de moi à la pensée de vous revoir et de vous dire qu'après tant d'années et d'événements divers, j'ai pour vous la même affection filiale et cordiale que j'avais dans mon enfance. J'ai une grande impatience de vous voir, de vous ouvrir mon cœur, de vous demander vos conseils et votre bénédiction.

« Depuis que nous ne nous sommes vus, des temps très-fâcheux ont passé sur moi ; mon âme a été en grand danger de naufrage, parce que les mauvais germes de ma nature ont commencé à prendre racine. Mais, au milieu de ces orages, j'ai toujours entendu une voix qui m'exhortait sans relâche, ou qui me semblait un écho chéri de mon enfance ; puis venait cet indéfinissable malaise, qui me rappelait que je devais rendre la liberté à un noble esclave enchaîné dans mon cœur. Au milieu de l'insipide vie du monde ou sur le lit de maladie, le Seigneur agissait en moi, et j'ai fini par éprouver un profond dégoût de tout ce qui est néant. Mon Dieu a permis que je maîtrisasse mes passions, et, avec la bonne conscience, est revenue la joie de vivre, que j'avais perdue. Vous dire tout cela verbalement, cher professeur, et entendre de nouveau de votre bouche l'ancien langage du cœur, voilà une permission dont je ne puis assez vous remercier, car elle est déjà pour mon âme un baume bienfaisant.

« En partant de Gastein, je quitte un endroit où j'ai

enfin trouvé le bonheur, qui m'avait fui depuis longtemps. Le souvenir de Berlin me fait mal.

« Je me suis donc senti heureux de partir pour les contrées du sud, qui me sont si chères. Je sentais en moi comme un autre esprit ; j'étais calme, sérieux et joyeux. Je pouvais de nouveau observer avec attention, recueillir et digérer mes impressions pour en faire mon profit. Le voyage était, d'ailleurs, ravissant. Je passai d'abord à Dresde, où je m'arrêtai assez longtemps pour voir à loisir la galerie, et pour parcourir la Suisse saxonne. De là, je me rendis par Tœplitz à Prague, cette ancienne veuve royale avec ses tombeaux de saints et de rois, archives de l'histoire de Bohême et d'Allemagne plus instructives que le griffonnage de tous nos protocoles modernes. Arrivé à Linz, je revis la neige des Alpes, à laquelle mes yeux n'étaient plus habitués depuis longtemps. Je traversai le lac de Traun pour me rendre à Ischl ; puis, longeant le lac de Saint-Wolfgang, j'arrivai à Salzbourg, qui est une charmante ville. Là je pensai beaucoup à vous et à mon cher Oettl. Je visitai le Kœnigsee (lac royal) ; je grimpai sur les glaciers du Watzmann ; et, après avoir franchi les passages de Lueg et de Klamm, je me trouvai ici. J'y vis tranquille depuis près d'un mois, à 3000 pieds au-dessus de la mer et au sein même des hautes Alpes. Quand je franchis les rochers en longeant les abîmes, quand je contemple sur la neige les jeux de lumière du soleil, que je vois vivre autour de moi ce monde de plantes, dont le silence n'est interrompu que par le bruit uniforme d'une cascade, qui parvient à mon oreille comme la pulsation de cette vie de la nature ; alors je me recueille en moi-même, toutes les chères et bonnes pensées de mon enfance éveillent dans mon âme un léger sentiment de douleur ; ma joie se change en une prière muette, et je prends l'engagement de rester fidèle au Dieu de mon enfance et de ma vieillesse. Je vis ici dans la compagnie de personnes qui me sont chères et avec lesquelles je suis à l'aise. Nous avons l'archiduc Jean et sa femme ; ce noble prince est bien l'image d'un Allemand de la vieille roche. Qu'on l'interroge au hasard, il a réponse à tout ; dans le Tyrol et la Styrie, il connaît chaque vallée, chaque village, et la plupart des familles dans les maisons et les chaumières. Sa noble figure à la Habsbourg porte l'empreinte d'une parfaite bonté. Avec cela, il est vêtu comme un bon paysan, et, dans toutes ses manières, il est simple, sérieux et aimable.

« Sans pouvoir fixer le jour, je quitterai Gastein au commencement d'août, et je pense me rendre directement à Munich en passant par Inspruck. Puisque je sais que cela vous fait plaisir, j'irai, sans façon, vous demander l'hospitalité. Je tressaille de joie à la pensée de vous revoir avec la même affection qu'autrefois, et de me présenter à vous, non en étranger, mais en fils dévoué et sérieux.

« Que je me réjouis de voir tous mes chers amis de Munich ! En attendant, saluez très-cordialement votre chère femme, mon bon Oettl et le docteur R.

« Encore une fois, cher professeur, je vous remercie du fond de mon cœur de votre permission, et j'attends avec impatience le moment où je pourrai vous le dire de bouche.

« Votre affectionné, fidèle et respectueux élève,
    ALBERT, duc de Mecklenbourg. »

Au retour du prince dans sa patrie, les douleurs de tête augmentèrent d'une façon inquiétante. Comme les médecins le présumaient, et comme l'autopsie le vérifia plus tard, il s'était formé, dans l'un des ventricules du cerveau, une tumeur dont la pression sur la matière cérébrale occasionnait souvent des convulsions, suivies de violentes douleurs. Un séjour à Franzensbad, au printemps de 1834, n'avait produit aucun bon effet; on ramena mourant le prince à Ludwigslust. Ses souffrances prirent un caractère qui déchirait le cœur de tous ceux qui en étaient témoins. Malgré la défaillance de son corps, son esprit était toujours présent, et s'épanchait d'une manière touchante en paroles d'amour et de sérieuse abnégation. Enfin, le 18 octobre 1834, cette lutte si cruelle fut terminée; on transporta dans le caveau où reposaient ses parents, le corps de ce jeune prince de 22 ans, si riche de tous les dons de la nature, qui semblait doucement endormi après les fatigues d'une laborieuse journée.

Quiconque avait vu la princesse Hélène pendant la période où les mortelles souffrances diminuaient progressivement les chances de vie, pouvait à peine reconnaître une trace de cette gaîté d'esprit qui était sa nature même. Elle ne s'était toutefois pas perdue ; elle n'était que recouverte d'un voile de deuil.

« Les épreuves de la vie contiennent le germe de mon bonheur éternel, » écrivait-elle à son amie après la mort de son frère.

Elle se livra dès lors avec plus d'ardeur encore à la tâche « de resserrer et de purifier les liens qui l'unissaient à ceux qui lui étaient restés sur la terre. » Il n'y avait de sa part que paroles d'amour et actes de dévouement, pour les siens d'abord, puis pour tous ceux qui l'intéressaient et avaient besoin d'elle. Elle savait ce que c'est qu'un deuil profond dans le sens chrétien. Alors déjà, mais plus tard surtout, le sentiment de ses propres épreuves éveillait en elle une délicate sympathie pour la douleur d'autrui et une puissance de consolation dont les affligés éprouvaient la magnétique vertu. Ce fut là sa principale occupation pendant la première partie de l'hiver de 1834.

Elle m'écrivait de Ludwigslust, le 14 janvier 1835, la lettre suivante, qui est l'expression de la disposition de son âme à cette époque :

Cher professeur,

« Vous l'avez aimé avec nous, vous l'avez pleuré avec nous, et vous jouissez avec lui de l'éternelle félicité qui est accordée à son âme, en dédommagement de toutes les souffrances d'une vie courte, mais agitée ; vous jouissez avec lui de cette paix céleste que ses impatients désirs avaient cherchée sur la terre, et dont sa foi lui a donné le bienheureux pressentiment. Au milieu de souffrances indescriptibles, une âme comme la sienne ne pouvait être amenée à la patience et à la douceur que par la vertu de Dieu ; dans les touchants épanchements de la dernière période de sa vie se manifestait d'une manière bien consolante ce puissant secours d'En-Haut qui l'avait rendu si calme, i sérieux, et qui le préparait à la contemplation de l'éternelle lumière, par une obéissance filiale et une soumission à la volonté du Seigneur. La bienheureuse conviction qu'il est maintenant en possession d'un héritage incorruptible, a été, à l'heure de sa mort, une grâce pour notre cœur affligé ; et elle reste une possession que ni l'aiguillon du doute, ni la douleur d'une vie maintenant isolée ne pourront nous ravir ; cette ferme persuasion qu'il vit heureux et que nous le rejoindrons, nous accompagnera dans le reste de notre carrière, et dirigera, comme le doigt d'un ange, nos regards vers le ciel ; elle sera le gage assuré de notre éternité, et le lien sacré qui l'unit à notre terre d'épreuves.

« Au milieu de la plus angoissante douleur, l'homme sent que ce sont là les heures où la vie s'épure ; il apprend à baiser la main qui s'est appesantie sur lui et dont le puissant secours peut seul le sauver du désespoir. Vous rappelez d'une manière si belle et si touchante ces consolations divines dans votre lettre, cher professeur ; permettez-moi de vous exprimer combien je suis profondément reconnaissante de tout ce que vous avez fait pour nous. Hélas ! la sœur ose-t-elle vous faire part du dernier adieu de son frère, si sensible à l'affection que vous lui avez témoignée pendant sa vie, si heureux des bénédictions qu'il devait à vos prières et à sa vénération pour votre personne ? Mais non, la plus belle, l'éternelle reconnaissance se trouve dans l'affection et dans l'intercession elle-même ; et vous n'aspirez à d'autre reconnaissance qu'au sentiment d'avoir été exaucé.

« Je n'ose parler de moi, car je rougirais de me plaindre, sachant que mon frère est dans le séjour de l'éternel bonheur ; je suis néanmoins trop faible pour éloigner mes pensées de mon isolement et pour surmonter ma tristesse. Comment attendrais-je encore le retour du bonheur de mon enfance, quand celui qui était l'*éclat,* la *joie* et l'*orgueil* de ma vie s'est endormi ; quand mes espérances ressemblent au sarment sans appui, qui se balance de côté et d'autre. Mais non, je ne vais pas à l'aventure ; c'est *vers le ciel,* où je retrouverai tout, que m'attirera désormais le lien de l'amour ; oui, vers cette terre promise où les ardents soupirs sont apaisés, où les larmes du cœur sont séchées. Oui, la douleur est bonne !

« Je vous suis bien reconnaissante, cher professeur, de votre amicale intention de m'envoyer un souvenir qui était destiné à mon Albert ; soyez persuadé que *toute* bagatelle venant de vous a un grand prix, et que ce beau cadeau, qui me rappellera un nom favori [1], aura pour moi une double valeur. Vos regards se sont arrêtés avec complaisance sur ces traits qui décèlent le génie sublime du poète ; votre bienveillance avait destiné à mon frère cet emblême de la force divine, et vous voulez maintenant que j'en décore mon petit appartement ; qu'est-ce qui pourrait donc m'être plus cher qu'un objet rappelant tant de souvenirs ?

« En terminant, je vous transmets encore les salutations des nôtres : de ma mère, d'abord, qui pense vous écrire prochainement, puis de ma sœur et du prince. La générale de Both, ma Nancy et le bon L. se recommandent à votre souvenir ; notre fidèle amie B. vous adresse maintenant ses salutations d'un meilleur pays que le Mecklenbourg.

« Encore une prière avant de prendre congé de vous ; votre bienveillance et votre affection pour mon frère défunt vous la feront accueillir. La pensée de savoir entre vos mains un souvenir de sa succession me serait bien chère, car je pourrais espérer qu'il mettrait parfois l'image de mon frère devant vos yeux. Osé-je l'expédier par le prochain courrier ? Je crois entendre un oui bien amical, et je hasarde avec confiance l'exécution de mon désir. Votre sympathie est un encouragement pour moi ; puisse-t-elle être un legs fait par le défunt à sa pauvre et

---

[1] Dante.

indigne sœur, et la combler de bénédictions pour toute sa vie !

« Je reste, cher professeur, avec le plus profond respect, votre toute dévouée

HÉLÈNE. »

« Une salutation amicale à votre chère femme; si vous voyez M. Oettl, rappelez-moi à son souvenir. Il était infiniment cher à mon frère, et il mérite tous nos respects. J'ai fait avec un vif intérêt la connaissance de votre ami Schorn ; il est un soutien pour Weimar. »

A la suite de cette lettre, il m'en parvint une autre, datée du 20 février 1835.

Cher professeur,

« Sans attendre une réponse affirmative à ma prière, j'ai le courage d'y donner suite, comptant sur le bon souvenir que vous gardez sûrement à mon cher frère, et sur l'affection dont vous lui avez toujours donné tant de preuves.

« J'ai pensé que le télescope qui l'accompagnait toujours dans ses voyages en Suisse, dans les vallées de la Silésie, les plaines magnifiques de la Lombardie et les steppes de la Marche, pourrait aussi vous être utile pendant le cours du long voyage que vous projetez dans les plaines classiques de la Grèce et aux sources du Nil ; voyage dont le plan avait transporté mon frère, qui aurait voulu y prendre part. Si vous trouvez cet objet utile, servez-vous en de temps en temps, et pensez avec affection à celui qui n'est plus et qui souhaitait votre sympathie.

« Agréez, etc.

HÉLÈNE. »

Ma réponse à la première des lettres précédentes et mes remercîments à l'occasion de l'envoi du beau Dollond qui accompagnait la seconde lettre, étaient arrivés à leur destination plus heureusement que le buste en plâtre de Dante; car, après un long retard, ainsi que je l'appris plus tard, ce dernier parvint brisé dans les mains de celle à qui il était destiné. Néanmoins, dans la lettre qu'elle m'écrivait après l'arrivée de la caisse, elle exprimait sa reconnaissance, qui pouvait être à l'adresse de ma bonne volonté, et ne m'entretenait que du génie de Dante et de l'impression que sa Divine comédie, «chant de l'éternité,» avait produite et continuait à produire sur son âme; mais du buste, elle n'en parlait pas. Je regrette que cette lettre ait malheureusement été perdue ou égarée parmi mes papiers. Toutefois son contenu n'est pas entièrement effacé de ma mémoire. A l'époque où je la reçus, j'étais incessamment occupé de travaux qui devaient être achevés avant mon départ pour l'Orient, et le rendre possible. En outre, de l'automne de 1835 à celui de 1836 où je me mis en route, une partie de mon temps et de mes forces fut absorbée par des fonctions universitaires, dont je devais me charger à mon tour. Il est probable que la dernière lettre, qui m'était adressée de Ludwigslust par la jeune princesse, disparut au milieu de papiers que je n'avais pas le loisir de surveiller.

IX

LA VIE, UN SONGE.

Pour les âmes qui ont reçu le don d'une vive et haute espérance, la vie d'ici-bas, avec toutes ses vicissitudes, est un perpétuel songe prophétique, qui n'est réalisé que lorsque, après la décomposition de la dépouille terrestre, une nouvelle existence commence pour l'esprit. Le point de départ de cet accomplissement nous est décrit dans le passage suivant d'un apôtre qui, par ses paroles et ses actes, a témoigné qu'il avait pénétré l'importance et la signification de la vie terrestre, comme image de l'accomplissement dans la vie éternelle. « Mais nous savons, dit-il, que si notre habitation terrestre de cette tente est détruite, nous avons un édifice de par Dieu, savoir une maison éternelle dans les cieux, qui n'est point faite de main d'homme. » (2 Cor. V, 1.)

Cette haute promesse, faite à l'homme resté ferme dans l'espérance qui ne confond point, ne s'accomplit, il est vrai, que lorsque son esprit quitte sa tente périssable; mais souvent elle se manifeste symboliquement dans sa vie, lorsqu'il voit s'écrouler un édifice que, dans ses songes, il avait élevé pour trouver un abri sûr sous son toit. Cette œuvre humaine, faible nacelle à laquelle il avait confié son bonheur présent et à venir, est submergée par la tempête; il se voit seul, flottant à l'aventure sur un débris, au milieu de la brume et des ténèbres. Mais l'invisible main de l'éternelle miséricorde a dirigé les vents et les flots; l'aurore paraît, et le naufragé qui se croyait perdu, aborde à l'île de la délivrance, où des bras le recueillent avec amour, et où la paix et la joie rentrent dans son âme.

L'édifice des rêves d'avenir et de bonheur terrestres, qu'avait élevé le cœur aimant de la princesse, avait en grande partie pour fondement l'espoir de passer sa vie auprès de son frère Albert. Cet espoir évanoui, elle se trouva dans la même situation que l'oiseau qui a vu la foudre briser l'arbre dans les branches duquel il se reposait. Fatigué de voler, il cherche son abri de tous les jours, et le voilà calciné sur le sol; mais l'oiseau est intact et plein de vie; les premiers rayons du soleil le réveillent comme auparavant, et il fait entendre sa chanson du matin.

Au mois d'avril de l'année 1835, l'aïeul de la princesse, Frédéric-François, entrait dans la 50e année de son gouvernement. L'allégresse générale, qui accompagnait les fêtes de cet anniversaire, eut un écho dans le cœur de la princesse, qui, pour la première fois depuis la mort de son frère, retrouva sa sérénité d'esprit. Elle écrivait à son amie que la joie de ses alentours non-seulement ne l'avait pas froissée, mais lui avait même rendu une certaine gaîté. Elle aimait à se rendre utile aux gens de la plus humble condition ; pendant l'hiver de l'année 1836, elle s'occupait à étendre et à améliorer l'institution dite de Caroline, qui avait été fondée par sa mère défunte et qui avait pour but de former de bonnes domestiques. Elle ne songeait guère à quitter un jour sa patrie lorsque, du haut de l'antique château de Schwerin, situé au milieu d'un lac, ses regards s'arrêtaient avec complaisance sur la neige et la glace qui, en hiver, environnent l'île et le château comme d'un rempart. Quel abîme entre ce paisible entourage qui suffisait à son cœur, et ce vaste horizon que lui ouvrait en secret vers cette époque le conseil de Dieu.

Dans leur voyage d'Allemagne, les fils aînés du roi des Français, les ducs d'Orléans et de Nemours, arrivèrent à Berlin au mois de mai 1836. Le roi Frédéric-Guillaume III les accueillit si cordialement qu'ils restèrent volontiers plusieurs semaines auprès de lui. La culture d'esprit solide et variée des deux princes, leurs manières nobles et chevaleresques frappèrent la cour et leur gagnèrent l'estime et la confiance générales. Le roi, surtout, les aimait d'une affection vraiment paternelle, et appréciait dans leur caractère le calme et l'énergie qu'il possédait lui-même.

La princesse Wilhelm de Hombourg, belle-sœur du roi et sœur de la grande-duchesse de Mecklenbourg, se sentait attirée vers eux par la même sympathie ; et le jugement de cette noble dame, distinguée par tous les dons du cœur et de l'esprit, avait un grand poids, tant à la cour que dans un cercle beaucoup plus étendu. Les deux princes se trouvaient donc à Berlin comme dans une autre patrie, et à la cour comme dans la maison paternelle. Ces rapports affectueux existaient tout spécialement entre le duc d'Orléans et le loyal monarque qui, en prenant congé de son jeune ami, lui avait donné un conseil paternel, bientôt suivi d'exécution.

Quelques semaines après le départ des princes, la grande duchesse Auguste, cédant à l'ordonnance des médecins, était allée aux eaux de Bohême, en compagnie de sa fille. Elle y trouva le roi de Prusse ; et par une circonstance due peut-être au hasard, le comte Bresson, ministre de France à la cour de Prusse, y arriva aussi et fut présenté aux deux princesses de Mecklenbourg.

A leur retour, elles visitèrent leurs parents de Saxe, à Eisenberg, comme elles l'avaient déjà fait les années précédentes. Là, il sembla que la première partie du passage de l'apôtre, qui parle d'une destruction de la maison terrestre, d'un affaissement de la dépouille mortelle, dût s'accomplir à la lettre pour la princesse Hélène. Elle fut atteinte à Eisenberg d'une hépatite si aiguë qu'elle croyait elle-même sa fin prochaine. Le bruit répandu par une indiscrétion étrangère que l'héritier du trône de France avait des vues sur sa main, l'affecta péniblement, comme le serait un œil malade brusquement exposé à l'action d'un jour trop vif. Ses pensées étaient plutôt alors dirigées vers cette espérance dont la seconde partie du passage de l'apôtre garantit la certitude.

La nature resta victorieuse ; la pensée de la mort fit place à l'espoir d'un bonheur terrestre, préparé dans les merveilleux conseils de Dieu, et non par la prudence ou les efforts de l'homme. Bientôt après le rétablissement de la princesse, sa famille put envisager comme vraisemblable ce qui jusqu'alors n'avait été qu'un bruit ; et, déjà au commencement de 1837, la nouvelle devenue certaine se répandait à Mecklenbourg, dans toute l'Allemagne et dans l'Europe entière.

Comment le cœur si confiant de la jeune princesse ne se serait-il pas livré au doux espoir et même à la certitude que cette voie lui était tracée par Dieu même, lorsque le sage monarque Frédéric-Guillaume III de Prusse demanda sa main pour le fils du roi Louis-Philippe, et lorsque la grande-duchesse, sa mère, et le chef de la maison de Mecklenbourg, son aïeul Frédéric-François, donnèrent à cette union leur consentement ? La recommandation seule du roi de Prusse aurait dû faire taire toutes les hésitations qui se faisaient jour çà et là contre la légitimité de la succession de Louis-Philippe, hésitations qui restèrent étrangères au cœur et à l'esprit de la princesse. Ainsi il semblait qu'aucun obstacle ne dût entraver la route que lui dictait son cœur.

Il en survint un néanmoins, lorsqu'au commencement de l'année 1837 le grand-duc mourut et eut pour successeur son petit-fils Paul-Frédéric, frère consanguin de la princesse Hélène. Celui-ci s'opposa de tout son pouvoir à l'union de sa sœur avec l'héritier du trône de France, trône que son origine et les sentiments d'un peuple mal disposé paraissaient rendre peu solide à ses yeux. Toutes les funestes éventualités possibles furent présentées à l'esprit de la princesse ; mais, selon son habitude, elle suivit l'inspiration de son cœur et tint ferme, car elle se sentait dirigée par la main même de Dieu.

Elle était, quant aux inquiétudes, dans la même courageuse disposition d'esprit qu'elle décrivait à son amie, quatre années auparavant, à une époque où elle ne songeait pas encore à sa future destinée : « Mon imagination, écrivait-elle, m'entraîne facilement et peut souvent s'emparer de tout mon être en me touchant de sa baguette magique ; mais quand il faut agir, l'exaltation et les songes dorés s'évanouissent ; je cède à la verge de fer du destin, et, quelle que soit ma répugnance, je m'humilie, cherchant dans le cours des événements le doigt de Dieu, dont les voies ne sont pas toujours celles du cœur et des désirs de la jeunesse, mais sont toujours celles de notre vrai bonheur. »

En cette circonstance, la voie dans laquelle elle était dirigée n'était point difficile à suivre, car tout ce qu'elle avait appris du duc était si conforme à ses vœux qu'elle lui avait donné son cœur avant même de l'avoir vu. Il était à tous égards l'homme qu'elle avait souhaité pour la guider dans la vie. Toutefois son attachement naissant pour l'époux de son choix était alors et resta toujours purifié au feu de l'amour divin.

Les fêtes de Pâques (1837) étaient arrivées au milieu des luttes qu'avait produites ce projet de mariage. Le Jeudi-Saint, la princesse avait pris la cène et avait reçu, selon son expression, « une nouvelle vie par le don de grâce, dont la vertu dépasse toute idée. »

« A ce moment solennel, écrit-elle à son amie, je sentais profondément que tout est néant auprès de cette grâce, et que tout sentiment qui ne découle pas de l'amour de Dieu et n'est pas sanctifié par son esprit, n'est ni pur ni durable. Ah ! si seulement nous voulions toujours fonder sur lui notre édifice, dans la prospérité comme dans l'épreuve ; et si, dans toute notre vie, nous voulions garder la ferme persuasion qu'il nous aime, et que son amour produit en nous de précieux fruits. »

Le grand-duc avait remis à sa belle-mère ses droits de chef de la famille, parce qu'il ne voulait pas conduire les négociations avec la cour de France. Ainsi le ministre de Plessen se mit en rapport avec le ministre de France à Berlin, M. Bresson. Celui-ci arriva le 5 avril à Ludwigslust avec des lettres de la famille royale qui saluaient la princesse en qualité de fiancée du duc d'Orléans. La plus aimable et la meilleure de ces lettres était de la main du duc lui-même. Elle ouvrait une correspondance intime et suivie, par laquelle la princesse apprit à connaître le cœur et l'âme de son époux, comme si elle avait eu, pendant des années, des relations personnelles avec lui.

Le jour est arrivé où elle doit quitter le lieu de sa naissance. Une princesse d'une maison ducale d'un petit pays allemand, s'éloigne de sa patrie pour épouser l'héritier d'un des premiers trônes de l'Europe. Où sont les hommages royaux, où est la foule qui salue cet événement douloureux par la pensée des distances, mais honorable et joyeux pour la maison ducale?

Le soir du jour précédent, jusqu'à la nuit, une multitude affligée avait déjà rempli les avenues et les appartements du château. C'étaient les pauvres, les veuves et les orphelins, qui devaient pour toujours se séparer de leur bienfaitrice. Les larmes avaient été plus éloquentes que des paroles. Le lendemain, de grand matin, on les voyait encore, au milieu d'une foule plus nombreuse, stationner silencieusement en face du palais, pour voir et pour bénir encore leur bonne et chère princesse.

Hélène se rendit une dernière fois dans son cabinet où, seule avec Dieu, elle avait passé tant d'heures dans la méditation et dans la prière. Avec un diamant de son anneau, elle grava les vers suivants sur la fenêtre qui lui avait le plus souvent prêté sa lumière :

So lebe wohl du stilles Haus!
Ich zieh betrübt aus dir hinaus.

Winkt mir auch fern ein schönes Glück,
Doch denk' ich gern an dich zurück. [1]

Les voitures, prêtes à partir, étaient devant la porte du palais de Friedensbourg. La grande-duchesse était à côté de sa fille. L'une avait pour chevalier d'honneur le loyal et noble de Rantzau ; l'autre, le général de Both, en grand costume et revêtu de tous les ordres qu'il avait si légitimement obtenus. Ce n'était pas sur l'invitation de la cour qu'il escortait la princesse, mais de son propre mouvement et comme représentant de toute la noblesse du pays [2]. Son épouse fut celle qui reçut les derniers adieux des princesses. Après un court trajet, on était aux frontières du petit pays et l'on entrait dans la grande patrie allemande. Ici les voyageuses respirèrent librement ; car la volonté de l'homme n'avait plus à soutenir une lutte inégale avec le dessein de Dieu.

Partout où la duchesse Hélène s'arrêtait sur le sol germanique, elle était accueillie, non en princesse de Mecklenbourg, mais en princesse allemande ; l'Allemagne témoignait la part qu'elle prenait aux destinées de cette future duchesse d'Orléans, dont le mérite personnel était connu de toute la nation. Quand elle s'arrêtait

---

[1] Adieu donc, paisible demeure que j'ai tant de peine à quitter. Si le bonheur m'appelle au loin, néanmoins je ne t'oublierai pas.

[2] A son retour, il déposa aux pieds du jeune grand-duc son épée et sa charge militaire.

quelque part, une foule innombrable entourait sa voiture et faisait retentir l'air de ses acclamations.

Le 25 mai, à onze heures du matin, elle franchit la frontière de sa nouvelle patrie, sous l'escorte de deux escadrons de cavalerie prussienne. Sur la chaussée, entre Saarbrück et Forbach, elle trouva un arc de triomphe élevé en son honneur, des tentes disposées pour la recevoir, un déjeûner servi, des tribunes pour les spectateurs, des troupes françaises de toute arme, la garde nationale de la contrée, des jeunes filles vêtues de blanc, et enfin son oncle, le duc Bernard de Weimar, sans oublier toutefois quelques mecklenbourgeois qui lui firent encore ici leurs adieux. Des salves d'artillerie annoncèrent son arrivée ; le duc de Choiseul lui remit des lettres et des salutations de la famille royale. Après le déjeûner, auquel étaient invités tous les assistants notables, on présenta à la princesse les officiers de la ligne et de la garde nationale, les préfets et les maires des départements voisins ; les troupes, qui devaient escorter la future duchesse d'Orléans, défilèrent sous le commandement du général Jacquemont.

La foule avait attendu avec impatience le moment de voir la jeune princesse ; mais elle en fut dédommagée au delà de son espoir, lorsque Hélène se présenta et la salua avec la grâce qu'elle possédait à un si haut degré. Cette affectueuse bienveillance, chacun le sentait, venait du cœur, qui se produisait dans son humilité et sa sincérité naturelles, sans pouvoir toutefois dissimuler à l'œil exercé de l'observateur une émotion contenue par le tact parfait de son esprit.

Les paroles ne peuvent décrire les transports de la foule se pressant aux deux côtés du chemin, ou s'étageant sur les branches des arbres, pour contempler une princesse que la renommée de ses vertus avait devancée, et qui, dès son entrée dans le pays sur lequel elle semblait appelée à régner un jour, avait donné des preuves de sa bienfaisance, en mettant à la disposition du maire de Forbach une riche offrande pour les indigents de sa commune. Elle distribua une pareille somme entre les sœurs de charité; elle fit de sa propre main de précieux cadeaux aux deux jeunes filles de Saarbrück et de Forbach qui l'avaient haranguée; l'officier-ingénieur, qui avait dressé les tentes, en reçut un autre; une somme de mille francs fut répartie entre ses sapeurs, et le préfet put disposer de mille francs pour des livrets de caisse d'épargne en faveur de jeunes filles d'artisans qui se seraient le plus distinguées dans les écoles par leur zèle et leur bonne conduite.

A cinq heures et demie du soir, les princesses arrivèrent à Metz, où elles passèrent de nouveau sous de nombreux arcs de triomphe. Le cortége ne pouvait s'avancer qu'au pas, entre deux lignes de soldats qui n'avaient pu empêcher la foule d'entourer les voitures. La population de Metz paraissait triplée et animée d'un enthousiasme sans pareil depuis plusieurs générations; cris de joie et applaudissements de toutes parts, espoir et vœux dans tous les regards. Après un dîner de 50 couverts, les dames de la haute société de Metz s'étaient rassemblées dans le salon de la princesse ; celle-ci eut pour chacune d'elles une de ces paroles sans recherche qui gagnent le cœur et l'esprit. Un feu d'artifice et une belle sérénade donnée sur la Moselle terminèrent cette journée. Les meilleurs artistes avaient associé dans ce but leurs voix et leurs instruments. Le préfet ayant annoncé à la princesse, qu'il avait télégraphié à Paris son heureuse arrivée et sa satisfaction de l'accueil qui lui avait été fait, elle répliqua avec vivacité : « Vous auriez dû dire *reconnaissance* et non *satisfaction ;* vous auriez exprimé avec plus d'exactitude mes sentiments envers les habitants de Metz. »

Le lendemain, à midi, les princesses continuèrent leur route et passèrent par Verdun, en voyageant à petites journées. Partout les autorités civiles et militaires rivalisèrent de zèle pour leur faire accueil, et les populations pour leur témoigner l'allégresse générale. Cette joie et cette affection qui semblaient avoir gagné le pays tout entier, contrastaient avec le froid départ de Mecklenbourg, qui ressemblait à un convoi funèbre, tandis que l'entrée en France était une véritable ovation. Ce brusque contraste remet en mémoire un ancien cantique, dont les paroles reproduisent fidèlement les dispositions intérieures de la princesse et les expériences qu'elle venait de faire :

Ich traue deinen Wunderwegen,
Sie enden sich in Lieb und Segen;
Genug, wenn ich Dich bei mir hab!
Ich weiss, wen Du willst herrlich zieren,
Und über Mond und Sterne führen,
Den führest Du zuvor hinab[1].

X

L'ARRIVÉE.

Un moment plus solennel que toutes ces distinctions extérieures attendait la jeune fiancée à Châlons-sur-Marne. Elle ne connaissait pas encore de vue son futur époux, qui vint ici au-devant des princesses. Il avait lui-même la plus vive impatience de voir celle qui devait être la compagne de sa vie entière. On savait que la princesse était douée d'une grande amabilité et de hautes facultés intellectuelles, mais il s'était en même temps répandu des bruits moins favorables sur les agréments extérieurs de sa personne. Une dame française, qui l'avait vue en Allemagne, avait voulu rectifier sur ce point l'opinion, mais la reine lui fit promettre, dit-on, de ne rien dire à son fils, afin de lui ménager une douce sur-

---

[1] Je me fie à tes voies merveilleuses, dont l'issue est amour et bénédiction. Il me suffit de t'avoir près de moi. Celui que tu veux couvrir de gloire et élever jusqu'aux astres, je sais que *tu commences par l'abaisser.*

prise. Le portrait qu'avait reçu le prince n'avait pu rendre la vie et la grâce qui distinguaient tout spécialement la physionomie d'Hélène ; aussi fut-il frappé en la voyant. Il était entré d'un air presque timide, mais ses yeux, d'abord baissés, devinrent rayonnants de joie et d'émotion lorsque, dans le cours d'un entretien animé, les traits délicats de sa fiancée se transfigurèrent et composèrent un ensemble d'une beauté idéale, tandis que son noble maintien et la spirituelle dignité de toute sa personne éveillaient un indéfinissable sentiment de respect. L'impression que le duc fit sur la princesse ne fut pas moins favorable. En effet, au jugement d'un observateur pénétrant, le jeune et beau duc d'Orléans était l'homme le plus accompli et le plus distingué de son époque, par la réunion des avantages physiques et des dons du cœur et de l'esprit.

Le prince, qui portait maintenant l'image de la princesse dans son cœur, prit les devants et courut à Fontainebleau où la famille royale reçut la duchesse avec une telle affection, que celle-ci ne songea bientôt plus qu'elle était dans une cour étrangère. Le 30 mai, jour fixé pour l'union des époux, la cérémonie commença, selon l'usage français, par le mariage civil dans la galerie d'Henri II. A huit heures et demie, le roi parut, donnant le bras à la princesse Hélène, et suivi de toute la famille royale, ainsi que du nombreux cortége des fonctionnaires du palais. Les ministres, les maréchaux, les pairs et les députés, le corps municipal, les généraux et beaucoup d'invités s'y trouvaient réunis. Les témoins de la princesse étaient M. de Rantzau, maréchal de la cour de la grande-duchesse héréditaire, M. de Bresson, ministre français à Berlin, qui avait conduit les négociations du mariage, et le duc de Choiseul, qui était allé au-devant d'elle sur le sol allemand. Le chancelier, duc Decazes, lut l'acte civil d'une voix solennelle et au milieu d'un profond silence ; puis il demanda au duc d'Orléans s'il était résolu de prendre pour épouse Hélène-Louise-Elisabeth de Mecklenbourg. Le prince se tourna respectueusement vers le roi ; et, sur un signe affirmatif de Sa Majesté, il répondit d'une voix ferme au chancelier : « Oui, Monsieur. » La même question ayant été adressée à la fiancée, elle se tourna vers la grande-duchesse sa mère, et, après un autre signe d'assentiment, elle dit d'une voix émue : « Oui, Monsieur. » Les signatures furent ensuite apposées selon le cérémonial voulu ; après quoi, le mariage civil se trouva terminé.

Ce n'est pas sans motif que nous avons rappelé toutes les circonstances de cet acte, dont la solennité était encore rehaussée par le vif intérêt qu'y portaient les plus grands personnages de l'Etat. Un témoin, placé en quelque sorte derrière les coulisses, en fut intérieurement froissé plutôt qu'édifié. « Je n'ai jamais été, dit-il, l'ami de ces représentations théâtrales, qui ont pour effet d'exposer les choses saintes aux regards d'une foule distraite. Ce spectacle me laisse absolument froid, tandis que je suis si facilement ému par un simple cantique entonné dans une église de village quelconque. »

Lorsque, en 1804, Napoléon eut attiré à Paris le pape Pie VII pour son couronnement, on voulut qu'une musique d'église, d'un effet extraordinaire, relevât l'éclat de cette solennité. Quatre-vingts harpes composaient l'orchestre; on pensait que l'effet d'une telle harmonie serait puissant sur l'âme des spectateurs. La cérémonie commença; les quatre-vingts harpes firent entendre leurs accords; la foule exprima son extase par des gestes et des exclamations étouffées. Le pape s'approcha alors de l'autel. Aux harpistes succédèrent les chanteurs de la chapelle sixtine, qui entonnèrent l'ancien chant d'église *Tu es Petrus*. Alors les chuchoteries et les transports de la foule firent place à une muette surprise qui éveilla dans beaucoup d'âmes une véritable disposition religieuse.

Le recueillement de la princesse ne dépendait pas de circonstances extérieures. Le sentiment de la sainteté, de l'indissolubilité du mariage remplissait son cœur: car elle se sentait dirigée, non par la volonté de l'homme, mais par la grâce et le conseil de Dieu. Son union était décrétée dans le ciel, et sa bouche, comme son cœur, devait le témoigner hautement et publiquement devant Dieu et devant les hommes.

De la galerie d'Henri II, où l'acte civil avait été accompli, la haute assemblée se rendit dans la grande chapelle d'Henri IV. L'évêque de Meaux, revêtu de ses ornements pontificaux, fit une touchante allocution, suivie de la bénédiction du mariage au nom de la religion. Les noms des deux époux furent ensuite inscrits dans les registres de l'église.

Il se passa ensuite un acte nouveau dans les usages de la cour de France. Les assistants se dirigèrent vers la salle Louis-Philippe. Là se trouvait un autel couvert de velours rouge ; un crucifix était placé entre quatre cierges allumés et devant une bible ouverte ; le pasteur Cuvier, cher à beaucoup d'entre nous, était en robe noire devant l'autel, prêt à bénir à son tour le mariage selon le rite luthérien. D'une voix douce, mais ferme, il fit une exhortation dont la puissance venait de la parole de Dieu. La vue de ce couple animé de si rares dispositions intérieures et évidemment dirigé par l'Esprit de Dieu, donnait à sa voix l'éloquence du cœur. Après avoir adressé aux époux les mêmes questions que le chancelier et avoir entendu leur réponse affirmative, il les bénit par l'imposition des mains, et termina la solennité en disant : « Ce que Dieu a joint, que l'homme ne le sépare pas. » Le duc, la duchesse et leurs témoins inscrivirent encore leurs noms dans le registre.

La jeune duchesse d'Orléans fréquenta dès lors régulièrement le culte de l'église luthérienne de Paris. L'impression que fit sa première apparition dans cette église, se reproduisit dans toutes les circonstances où elle dut se montrer en public ; une dame qui en a été témoin oculaire, va donc nous la décrire.

« Etant à Paris en 1848, » m'écrit un ami, « je me trouvais chez le pasteur Verny (le même qui est mort en chaire à Strasbourg, il y a quelques années) ; on s'entretint de l'arrivée de la duchesse d'Orléans et de sa première apparition dans l'église protestante. Madame V...., avec sa vivacité et son sans-gêne habituels, se mit à dire : J'avais beaucoup entendu parler de l'impression que Madame la duchesse d'Orléans avait produite partout. Mais, nous autres Français, nous ne faisons pas grand cas des princes et des princesses, et je pensais que les gens avaient tort de la tant prôner ; j'allai donc à l'église avec l'intention de ne pas me laisser surprendre. Quand elle entra, qu'elle s'avança dans l'allée avec son port svelte, qu'elle salua à droite et à gauche avec sa grâce ravissante et un sérieux qui rappelait la sainteté du lieu, je fus aussi entraînée et j'eus les yeux humides comme tous les assistants. Mon parti pris de ne voir en elle qu'une dame ordinaire et de n'avoir tout au plus qu'à louer ou à critiquer sa toilette, avait entièrement disparu. On se demandait ensuite en ville : L'avez-vous vue saluer à droite, saluer à gauche ; avez-vous remarqué que, pendant le chant, elle ne détachait pas les yeux de son livre de cantiques, etc. Alors je compris de quoi s'occupaient ceux qui s'étaient trouvés sur son passage. »

Nous ne rappellerons pas ici les fêtes que Paris donna en l'honneur de l'arrivée de la princesse, car il est facile de s'en faire une idée. La ville entière et les faubourgs y prirent une part active, et l'on s'ingéniait de toutes manières à surprendre agréablement la princesse. Ainsi, au bal donné à l'hôtel-de-ville, elle vit en entrant les lambris ornés de tableaux représentant des sites de sa patrie. C'étaient des vues de Ludwigslust, de Schwerin et de Dobberan, exécutées par le pinceau d'un peintre habile. Ce que nous pouvons encore ajouter, c'est que ni l'agitation de toutes ces fêtes, ni l'émotion intérieure, ni la magnificence des appartements royaux, ni l'entretien des personnes de la plus haute distinction ne purent un seul instant troubler le calme qui lui était si naturel ; elle acceptait ces inévitables honneurs sans en être préoccupée ni fatiguée ; on voyait qu'elle était touchée et réjouie ; on admirait sa manière de saluer, de tout observer, de tout comprendre, comme aussi d'écouter et de parler ; on s'étonnait à l'ouïe de sa voix si douce, si agréable, et de son accent français si pur[1].

Un Français haut placé écrivait vers cette époque à

---

[1] La grande-duchesse nous rapporte un trait qui caractérise ce calme parfait et cette habituelle dignité. On conduisit, comme en triomphe, la princesse dans ses appartements, où se trouvait exposé tout ce que Paris pouvait offrir en joyaux, perles, parures et autres objets de toilette. On s'attendait à des transports de surprise, à un débordement de joie. Mais elle les passait en revue avec un sang-froid inaltérable, aussi éloigné du dédain que de l'admiration ; c'était un calme parfait qui laissait percer toutefois une reconnaissance bien légitime. — « Oh ! c'était magnifique à voir ! » ajoute avec émotion sa noble mère.

un ami d'Allemagne : « Les journaux vous auront depuis longtemps instruit de toutes les particularités du voyage et de l'arrivée de la duchesse d'Orléans, ainsi que du mariage et des fêtes qui l'ont suivi. Mais ce qu'aucune gazette ne rapporte et ce que j'essaierais en vain de décrire, c'est la grâce de cette jeune princesse que nous avons maintenant le bonheur de posséder. On s'accordait depuis longtemps à louer son éducation, son esprit, sa haute raison ; mais ce que personne de nous n'attendait, et le prince royal moins que tout autre, c'était le charme inexprimable répandu sur toute sa personne et sur ses traits si fins. De toutes les conquêtes que nous avons faites en France, celle-ci est la plus précieuse, et, Dieu soit loué ! elle nous restera. Elle possède toutes les qualités qui sont indispensables chez nous à une princesse, et qui ont plus de prix que la plus grande beauté. Il est impossible d'associer à tant de dignité vraiment royale, plus de convenance, de présence d'esprit, de raison, de grâce et de modestie. Songez que j'ai chaque jour sous les yeux le modèle de toutes ces qualités dans la personne de notre adorable reine (Amélie) ; mais je dois dire néanmoins que la duchesse réunit tout ce que je puis me représenter de plus noble et de plus attrayant. »

La princesse avait donc en partage le bonheur qui naît de l'affection, bonheur auquel le cœur humain souhaiterait une éternelle durée. Cependant elle devait déjà alors se rappeler la fragilité des biens terrestres, en se séparant d'une personne qui lui était chère. Sa fidèle gouvernante, Mlle Nancy Salomon, qui l'avait élevée avec tant de persévérance, d'affection et de succès, prit congé de son ancienne élève, et, le cœur affecté de sentiments opposés, retourna à Genève, sa patrie.

XI

Louis-Philippe dans le cercle de famille.

Les contemporains ont fait du caractère et de l'activité du roi Louis-Philippe un portrait qui, selon la divergence des points de vue, présente l'original sous un jour plus ou moins favorable. Il leur est arrivé comme à un peintre chargé de crayonner la figure d'un homme célèbre qui n'a jamais posé devant lui, et qu'il a vu tout au plus passer dans la rue. Le vent, la pluie, une contrariété quelconque altérait sensiblement les traits et modifiait même le port habituel du modèle. Un ami de la maison, qui a pu journellement étudier l'expression naturelle de sa physionomie dans l'intimité, ne jugera pas ressemblant ce portrait esquissé sur une place publique, et il regrettera que son ami n'ait jamais posé devant l'artiste.

Quiconque voyait Louis-Philippe au milieu des siens, le soir, après les fatigues de la journée, devait être touché de l'affection que portaient à ce bon père tous les membres de la famille, et qui les unissait tous l'un à l'autre. On pouvait alors contempler le bonheur de ce roi chargé de soucis, qui se trouvait là dans son élément naturel ; une cordiale et sincère affection y réalisait ce juste milieu qu'il cherchait en vain à établir au dehors pour réunir les partis opposés. Dans la vie publique, si l'on était forcé de rendre justice à sa parfaite probité et à la bienveillance de son caractère, il lui arrivait de mécontenter tantôt l'un, tantôt l'autre, parfois tous aussi ; mais, dans le cercle de famille, il était tel que tous le désiraient ; c'était un père dévoué, qui ne voulait que le bonheur des siens.

Ce besoin d'affection, cet épanchement du cœur doit avoir été un des traits dominants du caractère du roi des Français. Le fidèle ami de la maison, qui ne se borne pas à entrer dans les appartements, mais qui descend jusqu'au fond des cœurs et les sonde sans cesse, a pris soin qu'au milieu des dangers dont il était menacé, ce trait dominant se conservât et même se fortifiât. L'époque de la naissance de Louis-Philippe (1773) et son entourage d'alors n'étaient guère propres à faire prospérer de tels bons germes. L'influence salutaire que pouvait avoir exercée sur lui l'officier d'artillerie Bonard, précepteur de sa première enfance, ne fut certainement pas développée par Mme de Genlis, sous la direction de laquelle fut placé le jeune prince dès l'âge de neuf ans ; l'atmosphère étouffante d'une serre chaude peut bien produire des feuilles et des fleurs de la zone des palmiers, mais non des fruits savoureux ou aromatiques. Plus tard, le jeune duc de Chartres, par sa prudence et sa bravoure dans les armées de la révolution, put aussi être applaudi dans le club des Jacobins, où il était entré à l'âge de 17 ans (1790) pour suivre l'exemple de son père; mais ce n'étaient pas des succès de bon aloi; il fallut une sentence d'exil et quatre mois de dangers au milieu des montagnes pour que la fidélité de son domestique développât de meilleurs germes dans son cœur. Ces bons principes se fortifièrent encore pendant son séjour à Reichenau, près de Coire, où, sous le nom de Chabaud-Latour, il occupa la place de professeur de géographie et de mathématiques, à la suite d'un examen satisfaisant. Il y gagna l'affection et l'estime de ses élèves, ainsi que des habitants du pays. La nouvelle de l'exécution de son père le força de quitter ce lieu de repos. Ses ressources ne lui permettant pas d'exécuter son plan d'aller par Hambourg en Amérique, il les utilisa pour un voyage en Danemark, en Suède, en Norwége, jusqu'au Cap nord; ce voyage développa ses connaissances dans plus d'une direction.

Le séjour qu'il fit aux Etats-Unis (1797-99) le mûrit encore davantage. Ce qui exerça toutefois la plus utile influence sur l'esprit et le cœur du futur souverain, ce fut sa paisible retraite dans le village de Twickenham, près de Londres, où, depuis l'an 1800, il ne vécut avec ses deux jeunes frères que des épargnes faites par sa noble mère sur la rente qui lui était laissée. C'est à cette école que les plus nobles instincts de la nature humaine se développent le mieux. Quel cœur ne deviendrait pas affectueux au contact de l'affection d'une telle mère !

Le séjour que Louis-Philippe fit à Palerme en 1808 exerça, par ses suites, une influence décisive sur la douceur patriarcale de ses goûts et de son humeur. Ses deux frères étaient morts, l'un déjà à Twickenham, l'autre à Malte où il l'avait accompagné sur le conseil des médecins ; Louis-Philippe, maintenant parvenu presque au milieu de sa carrière, se sentait isolé. Mais il trouva à Palerme une compagne, qui soutint fidèlement avec lui les fatigues et les orages de la seconde moitié de sa vie et qui l'accompagna jusqu'au tombeau. Le roi Ferdinand Ier, privé d'une grande partie de ses Etats par le succès des armes françaises, habitait alors l'antique château de Palerme ; ce fut là que le duc d'Orléans épousa la princesse Marie-Amélie, deuxième fille du monarque. Aimante et dévouée, elle partagea pendant six ans les soucis de la vie de son époux, jusqu'à ce qu'au mois de juin 1814, à l'avénement de Louis XVIII, il put enfin l'introduire dans le Palais-Royal, demeure de ses pères, dont ses longs pèlerinages l'avaient tenu si longtemps éloigné. Ce n'était encore qu'un rayon de soleil dans cette vie si agitée ; car, bientôt après, le retour de Napoléon, et, plus tard, la jalousie de la branche aînée contraignirent le duc et la duchesse à choisir pour retraite le village de Twickenham. Toutefois, lorsqu'une réconciliation entre les deux branches se fut opérée, déjà sous Louis XVIII, et surtout sous Charles X, il vint une période où Louis-Philippe put jouir en paix avec sa famille non-seulement de la splendide fortune de ses pères, mais encore de la considération spéciale des classes cultivées. Il se trouvait heureux de cette situation ; il resta toujours étranger aux intrigues politiques dirigées contre la branche aînée, ne prit aucune part aux agitations des partis qui précédèrent la révolution de 1830, ne se rangea ni du côté de la cour, ni de celui du peuple, et son nom ne fut pas entendu pendant les sanglantes journées de juillet 1830. Dans le gouvernement provisoire qui se forma après la déchéance de Charles X, Lafitte fit la proposition de charger le duc d'Orléans des fonctions de lieutenant-général du royaume. Tous les hommes las de la lutte et désireux de l'ordre et du repos se réjouirent lorsque le duc, estimé des deux partis, accepta son élection. Devenu roi des Français, il prit en main les rênes du gouvernement, avec l'espoir sans doute chimérique de réunir dans un juste milieu les prétentions les plus divergentes.

Il est inutile de faire entendre des paroles de paix aux oreilles assourdies par l'orage des passions ; quiconque veut s'immiscer en médiateur dans les luttes de gens insensibles au langage de la raison, risque d'attirer sur lui l'explosion de leur fureur. La haine du parti révolutionnaire éclata déjà le 28 juillet 1835 dans l'épouvantable attentat de Fieschi contre la vie de Louis-Philippe, mis à exécution pendant une revue. Vingt et une personnes furent mutilées dans le voisinage immédiat du roi, qui revint sain et sauf auprès de la pieuse Amélie, dont les prières semblaient être son ange gardien. L'année suivante, le 25 juin 1836, un commis frappé de démence, Alibaud, crut atteindre infailliblement le roi, mais l'arme meurtrière manqua le but ; et, au mois de décembre de la même année, le coup de pistolet d'un ouvrier épargna encore les jours de Louis-Philippe. Le souvenir de ces tentatives de meurtre était récent, lorsque la princesse Hélène arriva à Paris pour épouser le duc d'Orléans. Elles pouvaient être envisagées comme de sérieux indices du peu de solidité d'un trône édifié sur une base fragile ; une âme moins forte aurait pu facilement s'en alarmer pour l'avenir.

Mais, pendant qu'au dehors, dans un monde politique toujours mécontent, des luttes à vie et à mort continuaient sans relâche, la même paix régnait dans l'intérieur de famille de Louis-Philippe. La bonne et pieuse reine Amélie contribuait surtout à l'entretenir dans le cœur de son époux et autour de lui. Si le roi, travaillé par les soucis du trône, trouvait le soir dans sa maison un asile de repos, de joie et d'affection, elle avait constamment cette paix dans son âme. Elle connaissait la source qui inonde le cœur de l'homme de courage, d'espoir, de joie, d'affection, et elle la faisait jaillir sur ses alentours. Le roi avait, au reste, le sentiment intime que la main du Seigneur le protégerait et le garderait jusqu'à ce qu'il eût achevé la tâche si laborieuse de tenir le gouvernail sur une mer sans cesse agitée. La défaillance de sa foi, qui s'empara de lui dans les orages de février 1848, peut seule expliquer sa conduite.

Nous avons encore à mentionner quelques membres essentiels de ce cercle de famille, qui prenait place deux fois par jour autour de la table ronde du roi. La sœur de Louis-Philippe, Adélaïde, avait droit au même respect que la reine, par l'analogie des dons du cœur et de l'esprit, comme par le rang qu'elle occupait dans la famille. Si la reine avait la plus tendre affection maternelle pour la jeune épouse de son fils, la princesse Adélaïde voyait en elle une messagère de bonne nouvelle, « un ange envoyé du ciel à la maison royale. »

L'aîné des fils de la maison, le duc Ferdinand-Philippe d'Orléans, dont la place était à côté de sa mère, n'attirait pas seulement l'attention de l'étranger par la régularité de ses traits, mais par l'énergie qui se peignait sur sa noble physionomie et dans son regard. Elle éveillait la confiance et la sympathie plutôt que la crainte, et quand elle se manifestait par la parole et le geste, elle devenait irrésistible. Ainsi, à l'âge de 21 ans (1831), il parvint à arrêter la terrible émeute de Lyon par sa seule influence personnelle, sans l'emploi de la menace ni de la force armée que commandait le maréchal Soult. Il s'avança avec confiance au milieu de cette malheureuse classe ouvrière, distribua tout ce qu'il avait pour adoucir la misère que le soulèvement avait encore augmentée, et devint pour ces infortunés l'instrument de la Providence. Les pauvres de Paris apprirent aussi plus tard à connaître et à aimer le jeune duc d'Orléans lorsque, pendant la terrible invasion du choléra (1832), il allait consoler et assister au péril de sa vie les malades de l'Hôtel-Dieu et des autres hôpitaux de Paris. Louis-Philippe aimait aussi son peuple et le lui prouvait souvent ; mais cette vertu sympathique était affaiblie et neutralisée chez lui par une prudente réserve, tandis que son fils s'oubliait lui-même pour ne songer qu'au bonheur de la nation et gagnait ainsi l'affection générale.

Le duc d'Orléans était dans sa 27e année à l'époque de son mariage. Il était né le 3 septembre à Palerme, antique résidence des souverains de Sicile. Dans sa quatrième année, il avait accompagné sa mère à Paris, mais il avait bientôt dû quitter le Palais-Royal pour se réfugier avec ses parents dans le village de Twickenham, près de Londres. Cet exil ne fut pas long, et dès que son père se trouva libre possesseur de ses apanages, il confia aux écoles publiques l'éducation de son fils aîné, résolution qui fut accueillie avec un grand déplaisir par la maison de Bourbon, et avec une grande faveur par le peuple. A neuf ans, Ferdinand entra donc au collège Henri IV. Il se soumettait gaîment à tous les devoirs de ses condisciples et partageait avec eux les punitions et les récompenses. Plus tard, après avoir suivi les cours de l'école polytechnique, il passa avec honneur l'examen de cette célèbre institution ; il se voua ensuite à l'étude des langues modernes, à celle de l'art militaire, et devint colonel du premier régiment de hussards. Il fit ses preuves au siége d'Anvers (1832) où il commandait une division de l'armée ; trois ans après, il partageait avec l'armée française les dangers et les fatigues d'une campagne en Algérie et de la prise de Makara.

Digne émule de son frère aîné, le duc Louis de Nemours attirait aussi le regard par son port noble et chevaleresque. Il était plus jeune de quatre ans, mais il avait eu la même éducation et avait été, comme lui, formé à l'école des faits. A côté d'eux on voyait assis à la table paternelle le duc François de Joinville, âgé de 19 ans, le duc Henri d'Aumale, âgé de 15 ans, et le duc Antoine de Montpensier, qui n'en avait que 13. Les princesses Louise, Marie et Clémentine se sentirent dès la première vue attirées vers leur nouvelle sœur. Louise, qui était l'aînée, épousa bientôt après le roi Léopold qu'elle suivit en Belgique ; mais, ainsi que son époux, elle conserva des rapports très-étroits avec sa famille. La princesse Marie, compagne du duc Alexandre de Wurtemberg, a trouvé en Allemagne un paisible bonheur domestique, suivi d'une mort prématurée. Clémentine, la plus jeune des filles du roi, a embelli la vie du duc Auguste-Louis de Saxe-Cobourg.

Si l'horizon de Louis-Philippe était trop souvent chargé de brouillards, les membres de sa famille étaient comme autant d'étoiles dont la bienfaisante lueur lui rappelait qu'au-dessus de la région des nuages il y a encore un monde de lumière, et qu'au-dessus des luttes de passions et de partis, il y a un horizon de paix et d'inaltérable amour.

XII

LA NOUVELLE VIE DE FAMILLE.

Nous donnons ici, d'après les indications d'une amie très-exactement informée, une description des jours que la duchesse Hélène d'Orléans appelait à bon droit les plus heureux de sa vie.

En été, toute la famille royale allait ordinairement habiter l'agréable château de Neuilly, où Louis-Philippe, avant son avénement au trône, aimait déjà à se retirer pendant la plus belle saison de l'année, pour jouir des beautés de la nature et fuir le bruit de la capitale. « Ici, à Neuilly, la France aurait pu contempler un modèle de vertus simples et domestiques, si les préjugés du grand monde avaient permis d'apprécier des mœurs si patriarcales. Et néanmoins ce furent ces vertus domestiques qui survécurent à la splendeur du trône ; car lorsque Louis-Philippe eut laissé trop facilement tomber de sa main le sceptre qu'il avait trop promptement saisi, il lui resta encore le bonheur domestique, le lien d'affection qui l'unissait aux nobles membres de sa famille. »

A Neuilly, où le jeune couple se rendit peu après le

mariage, le roi et la reine habitaient le château même avec leurs enfants non mariés et la princesse Adélaïde. A 15 minutes de distance, au milieu du parc, se trouve le petit château de Villiers, qu'habitaient le duc et la duchesse d'Orléans ; on avait assigné à la grande-duchesse Auguste et à sa suite un gracieux corps de logis presque contigu. Cette spirituelle princesse, qui fut bientôt l'objet du respect et de l'affection de toute la famille royale, avait reçu l'invitation pressante de rester auprès de sa fille, jusqu'à ce qu'elle se fût bien familiarisée avec la nouvelle existence de la duchesse, et qu'elle eût joui à loisir de tout ce qui pouvait l'intéresser à Paris. Même à Neuilly, on voyait se succéder à la table du roi les personnes qui marquaient au premier rang dans le grand monde de la capitale.

Le dimanche, la duchesse d'Orléans accompagnée de la grande-duchesse sa mère, fréquentait l'église luthérienne de Paris, dans laquelle des ecclésiastiques d'un grand mérite prêchaient alternativement en français et en allemand la doctrine du salut par Christ. Les belles soirées étaient consacrées à des promenades sur l'eau, souvent jusqu'à Saint-Cloud ; les rives de la Seine étaient alors bordées de curieux. Parfois les jeunes princes s'amusaient à faire des feux d'artifice ; et, quand leur royal père remarquait que la pelouse et les belles plantations n'avaient pas été ménagées, ils lui répondaient qu'ils avaient voulu procurer un plaisir à leur sœur Hélène, et le roi acceptait l'excuse, car il avait un faible pour sa belle-fille.

La duchesse, qui avait donné tout son cœur à son époux, le rendait heureux autant qu'on peut l'être sur la terre ; elle était, pourrait-on dire, la meilleure moitié de son âme. Il veillait avec la plus grande sollicitude au bonheur de sa compagne, qui, de son côté, se soumettait en tout à ses vues, trouvait en lui un appui et un modèle, et demandait à Dieu en toute humilité de la rendre plus digne d'être la compagne d'un tel époux. Le duc portait jusque dans les moindres détails ses délicates attentions ; il surveillait le régime de sa femme, et, fier de sa beauté, il contrôlait sa toilette, allait lui-même cueillir dans le jardin de Villiers les fleurs dont il désirait qu'elle se parât. Quand elle sortait ensuite à son bras, et que la foule se pressait pour voir la princesse, il disait en souriant avec orgueil : « Oui, mes amis, c'est ma femme. »

Ce sentiment de son bonheur n'était pas moins vif, lorsque la duchesse, cherchant à s'instruire dans l'entretien des hommes les plus érudits, leur adressait de spirituelles questions qui les forçaient à porter sur de nouveaux sujets leurs méditations. Elle avait été de bonne heure habituée à s'occuper de pensées sérieuses, à écouter et à observer avec attention, à méditer de bons livres ; douée d'une bonne mémoire et d'un esprit toujours actif, elle savait faire de ce qu'elle avait appris un emploi souvent surprenant, mais toujours juste. Avec cela, elle restait humble et modeste. Quand on vantait ses progrès scientifiques, elle répondait : « Oui, je sais toujours mieux que je ne sais rien ou du moins rien de complet. » Un jour qu'en visitant la bibliothèque royale, elle entendit quelqu'un s'étonner de son érudition, elle répliqua en souriant : « Oui, je suis une savante qui ne comprend pas même les rudiments de la science, le grec et le latin. »

Cette humilité de son cœur se montrait le mieux et le plus habituellement dans ses rapports avec le duc d'Orléans. Elle voulait et croyait recevoir de lui la culture de l'esprit et du cœur; et pourtant c'était lui qui se sentait relevé par elle. Les éminentes facultés du duc semblaient avoir pris, depuis son mariage, une plus noble direction. La duchesse était son bras droit jusque dans les moindres détails; elle était, en particulier, sa trésorière pour les œuvres de bienfaisance, et, dans l'accomplissement de ces fonctions, elle calculait l'étendue de la misère plutôt que celle de ses ressources ; car sa cassette était mise si largement à contribution qu'elle se trouvait parfois dans un véritable embarras d'argent.

XIII

UNE LETTRE ÉCRITE DANS UN JARDIN.

J'ai déjà dit que, vers l'époque où la vie de la princesse Hélène allait prendre une direction inattendue, j'effectuais mon voyage en Orient. Avant de me mettre en route, le bruit vague d'un prochain mariage était bien parvenu à mon oreille, mais je n'y avais guère pris garde. Ce ne fut qu'au mois de janvier 1837, pendant mon séjour en Egypte, que je lus dans la Gazette d'Augsbourg la réjouissante confirmation de ce bruit ; et, dès lors, durant tout mon voyage au travers du désert et de la Terre-Sainte, je ne cessai, pour ainsi dire, d'adresser en pensée mes vœux et mes bénédictions à ma chère élève. Je ne pus de longtemps écrire, et, jusqu'à Athènes, je n'aurais pas même su où envoyer une lettre. Pendant que je faisais la quarantaine au lazaret de St-Léopold, près de Livourne, il se présenta une occasion de lui envoyer un messager ailé, et, peu après, une lettre datée de ma prison.

J'ai rapporté avec détail l'événement auquel je fais allusion dans la troisième partie de mon voyage en Orient. Un lieutenant de très-mauvaise humeur, qui faisait alors les fonctions de commandant du lazaret, voulait absolument étrangler et jeter à l'eau deux charmants *bull-bull* ou rossignols d'Orient, dans la crainte qu'ils ne propageassent le choléra. J'en donnai un au jeune officier français qui nous avait accompagnés dans une chaloupe, du bateau à vapeur à l'entrée du lazaret, et, en échange de ce cadeau qui lui fit un grand plaisir, je le priai de remettre l'autre à mon ami, le médecin de vaisseau Fosse, chargé de l'adresser à Madame la duchesse d'Orléans. Ma commission fut loyalement remplie ; peu après mon retour à Munich, je reçus de la princesse la lettre suivante, dont le contenu me prouva, à ma grande joie, qu'elle n'avait pas oublié son ancien professeur de Mecklenbourg.

7 octobre 1837.

« Vous m'avez profondément réjouie, cher professeur, par l'envoi de votre gentil *bull-bull* et par votre aimable lettre. Agréez mes meilleurs remercîments; permettez-moi d'ajouter aussi que chaque mot venant de vous est béni pour mon âme, et que chaque témoignage de votre bon souvenir a un grand prix à mes yeux. Les idées que vous avez exprimées au sujet de mon mariage dans une lettre adressée du Caire à ma mère, m'ont déjà fait un bien inexprimable. La lettre, timbrée du lazaret, qui se trouve là près de moi dans le jardin embaumé par le parfum des fleurs d'automne, développe le même sujet et me touche profondément, car vous approuvez la direction que ma vie a prise, vous y voyez une bénédiction toute spéciale de Dieu, et vous doublez ma joie en faisant mention de la haute estime que vous inspire la noble famille à laquelle j'appartiens maintenant.

« Pendant que vous faisiez votre pèlerinage dans les belles contrées de l'Orient, et que vous cherchiez à surprendre dans les songes de ces mondes endormis quelques sons du langage de leurs jours passés, j'ai pris, de mon côté, mon bâton de pèlerine, je me suis arrachée à ma patrie, à des tombes chéries, aux doux souvenirs de mon enfance, et j'ai dirigé mes pas vers l'ouest où m'appelait la voix du cœur, où je pressentais la destinée de ma vie, où me dirigeaient la bénédiction et l'appui de ma mère, et où je trouve maintenant réalisés les rêves de mon premier âge. Ici ma vie intérieure prend de nouvelles forces, et trouve dans les luttes politiques un nouvel aliment : j'ai en perspective une haute mission qui m'exhorte à la prière et à une sérieuse activité. Je serais bien heureuse de vous recevoir un jour ici, dans ma nouvelle patrie, si belle et si *vivante;* je vous prouverais que votre souvenir m'a fidèlement accompagnée depuis ma première enfance, et le gracieux oiseau dont le chant me raconte souvent les merveilles de sa lointaine patrie, saluerait aussi son ancien maître.

« Plusieurs extraits de vos lettres, qui ont paru dans la Gazette d'Augsbourg, m'ont vivement intéressée et ont donné plus de vivacité à l'espoir que le voyageur oriental, autrefois connu sous le nom de « Rist »[1], communiquera sans délai les fruits de son pèlerinage aux amis qui lui doivent déjà tant.

« Mes salutations à Mme de Schubert, et à vous l'assurance de ma plus haute considération.

HÉLÈNE,
Duchesse d'Orléans, née H. de Mecklenbourg. »

[1] Comme dans mon enfance j'avais coutume de dire que je voudrais bien un jour faire d'aussi belles poésies que Rist, mes sœurs m'avaient surnommé « petit Rist et grand songeur. »
(*Note de l'auteur.*)

XIV

LA VOIX DE LA RECONNAISSANCE FILIALE.

La jeune duchesse, qui avait été l'objet de tant de preuves diverses d'affection depuis son introduction dans la famille royale et dans les cercles choisis de Paris, était tout spécialement heureuse du respect général qui entourait sa mère chérie. Elle était plus reconnaissante des prévenances qui s'adressaient à la grande-duchesse que de celles qui la concernaient elle-même. Elle connaissait assez, en effet, les goûts de sa mère pour apprécier le sacrifice qu'elle avait fait en échangeant sa tranquille retraite de Friedensbourg ou de Rudolstadt contre le grand monde de Paris. Mais ici, et surtout à la cour, on avait reconnu le dévouement maternel et les vues éclairées dont la grande-duchesse avait fait preuve dans l'éducation de sa fille; aussi ne la vit-on qu'à regret retourner en Allemagne vers la fin de l'année 1837. Elle partait tranquille et heureuse, car elle avait été témoin du bonheur d'Hélène. Elle écrivait le 15 janvier 1838 :

« J'aurais en vain cherché dans l'Europe entière un cercle de famille où Hélène fût aussi bien gardée et aussi heureuse que dans celui que j'ai appris à connaître. Et je ne devrais pas chanter les louanges de mon

Dieu et lui en témoigner ma reconnaissance? car je vois en toutes choses combien Il est bon envers moi. »

En regard de ces paroles empreintes de foi et de gratitude, plaçons ici quelques lettres de la duchesse qui, pour la première fois depuis sa septième année, se voit séparée de sa mère, d'une mère dont le dévouement avait dépassé les limites des forces humaines. Les fragments que je transcris ici sont textuellement empruntés aux lettres originales que j'ai sous les yeux.

Saint-Cloud, le 3 octobre 1837, le soir.

« La première et triste journée de notre séparation est maintenant passée, ma chère et bien-aimée mère. Je m'en réjouis, non-seulement pour moi, mais aussi pour vous, car je sais que vous avez souffert aujourd'hui, que nos adieux n'ont pas été moins pénibles à l'une qu'à l'autre, et je crains fort que votre santé n'en soit affectée.

« Permettez-moi de vous dire encore du fond de mon âme combien je suis reconnaissante de tout ce que vous avez fait pour moi depuis mon enfance; reconnaissante de votre amour, qui vous a donné l'indulgence, la patience, le sérieux, — qui m'a accompagnée à *chaque* instant de ma vie, — qui a *tout* partagé avec moi, et qui a veillé activement sur moi dans un esprit de prière. Chère mère, il ne m'a plus été possible de vous exprimer mes sentiments d'amour et de reconnaissance, pour ne pas briser mes forces, pour ne pas paralyser au dernier moment le courage que je voulais garder à cause de vous et du duc.

« Mais maintenant laissez-moi épancher mon cœur et vous dire que ma gratitude est profonde, et que le souvenir de l'époque où j'étais encore sous votre aile m'accompagnera sans cesse et sera mon ange gardien pour l'avenir. Mais je ne sais pourquoi je vous parle ainsi, car comment un enfant peut-il remercier une mère de ce qu'a fait la tendresse maternelle? Votre amour vous a dirigée en tout, et le mien l'a compris, ou du moins l'a *senti* quand j'étais aveugle et ne saisissais pas vos intentions. Il vivra éternellement au fond de mon âme et sera ma sainte sauvegarde. Oh! chère mère, je baise en pensée vos mains chéries, et je vous prie de me donner la bénédiction du soir, en me baisant de même au front. » — —

« Quoique je ne sois pas très-fort sur l'écriture, je ne veux cependant pas laisser partir cette lettre de notre chère Hélène, sans vous dire encore que votre place reste vide ici auprès de vos enfants dévoués [1].

F. O. »

Le 4 octobre, le matin, avant le déjeuner.

« J'ai été interrompue ici hier au soir par mon cher duc, qui m'a priée de cesser parce que j'étais éprouvée.

---

[1] Ce post-scriptum est en français dans l'original.
(*Note du traducteur.*)

Il a écrit de sa main les mots qui précèdent, et j'ai renvoyé à aujourd'hui la continuation de ma lettre.

« La reine, qui est venue voir ce que fait l'orpheline, me charge de vous écrire qu'elle pense beaucoup à vous, qu'elle vous regrette et qu'elle compte sur votre promesse. Elle m'a dit qu'elle ne pourrait jamais vous remplacer, mais qu'elle ferait de son mieux, et que je pouvais compter sur son affection maternelle. Il est bien vrai que personne ne pourra vous remplacer, mais je suis heureuse d'avoir trouvé dans la mère du duc un cœur qui m'inspire une *si ferme* confiance, et vers lequel je me sens si vivement attirée.

« Je regrette qu'il me faille finir, car nous devons assister au déjeuner du roi. On va demain dans la solitude de Trianon.

« Ah! chère, chère mère, qu'une lettre est impuissante à tenir lieu d'une vie passée sous le même toit ! Dieu veuille cependant que je reçoive bientôt de bonnes nouvelles de votre main. Adieu, chère mère ; à toujours votre fille

HÉLÈNE. »

« *P. S.* — Après le déjeuner.

« Le roi et la tante ont été très-bons envers moi ; le roi s'est montré plein de cordialité et de sympathie ! »

Trianon, 6 octobre 1837.

Ma chère et bien-aimée mère,

« De retour depuis une heure d'une longue prome-

nade faite avec le duc, qui m'a beaucoup parlé de vous
et m'a quittée ensuite pour aller à la chasse, je trouve
deux mots de la reine, qui a reçu à Paris votre télégramme et me l'a envoyé, en ajoutant que je devais à
mon tour expédier avant la nuit quelques lignes qui
vous parviendraient encore. Je n'ai pas besoin de vous
dire combien j'ai été touchée de votre attention et combien j'aurais aimé y répondre très-longuement et au
gré de mon cœur. Ce moyen de communication nous
rapprochait l'une de l'autre, mais il est si laconique!
D'après mon calcul, vous avez quitté le sol français aujourd'hui à midi, ma chère mère. Vous aurez éprouvé
un serrement de cœur, j'en suis persuadée, car je sens
si bien tout ce que cette pensée a de douloureux pour
moi. Je ne puis vous dire à quel point vous me manquez,
car vous pourriez croire que je suis ingrate envers mon
bon duc, qui fait tout pour adoucir cette pénible séparation. Votre présence nous tranquillisait; ce que nous
faisions nous paraissait bien quand vous étiez là. Maintenant il nous semble que nous devons être beaucoup
plus sur nos gardes, parce qu'aucun œil ne nous accompagne et ne veille sur nos pas comme le vôtre. Ah! chère
mère, je pourrais écrire des volumes entiers, si je voulais
reproduire toutes les réflexions que votre départ m'a
suggérées et le deuil que ce vide produit en moi; mais
je ne veux pas vous attendrir, et je ne veux pas non plus
me faire plus mélancolique que je ne le suis déjà, car
j'affligerais mon cher duc au lieu de le distraire, comme

c'est mon devoir. Nous sommes, en effet, dans notre petit ermitage de Trianon et nous vivons entièrement seuls. Je me propose donc de faire pour lui tout ce qui est en mon pouvoir, et de lui rendre aussi agréable que possible ce séjour où il n'aura d'autre ressource que ma société.

« La famille royale, qui nous avait accompagnés de Saint-Cloud jusqu'ici, et qui vous fait ses amitiés, est encore allée se promener avec nous dans le petit bois dont vous aviez admiré la rare végétation; puis elle s'est rendue à Versailles. Aujourd'hui nous nous sommes rendus en voiture à Saint-Cloud pour féliciter le roi à l'occasion de son anniversaire. J'ai été touchée de voir ce bon et excellent roi dans les bras de ses fils, et de remarquer la joie que leurs félicitations lui faisaient éprouver. Je mange maintenant tous les jours des fraises « en votre souvenir. » Ah! ma bonne mère, que vous nous manquez! Adieu, mon ange gardien, priez pour vos enfants et pensez souvent à l'affection qu'ils vous portent.

HÉLÈNE. »

Je ne reproduis pas une lettre du 11 octobre, exprimant les mêmes regrets affectueux de l'absence de sa mère, et le bonheur d'avoir reçu d'elle une lettre; elle contient aussi quelques détails sur l'expédition d'Afrique. Voici, en revanche, plusieurs passages d'une lettre du 20 octobre :

« Mais maintenant, avant toutes choses, je baise vos mains chéries pour votre excellente lettre, qui était comme un journal de votre vie. A chaque mot je croyais entendre votre voix ; je vous voyais devant moi et j'étais heureuse dans votre voisinage. Ma joie est un peu troublée parce que je ne la partage pas avec mon duc, qui attendait aussi impatiemment que moi de vos nouvelles, et qui ne sera de retour de la chasse que ce soir. Sans lui, je ne jouis qu'à demi : il partage si affectueusement mes sentiments, et si fidèlement ma douleur ! Il me l'a encore bien prouvé le 18 octobre, jour où sûrement nos pensées se sont rencontrées sur une tombe [1]. Il comprenait si bien mon deuil qui, joint à tout ce que je lui communiquais sur mon cher Albert, lui apprenait à l'aimer aussi. C'était pour moi une consolation. Cette journée s'est passée dans une complète retraite, tandis que le jour précédent nous avions célébré le mariage de Marie, qui avait vivement rappelé à notre souvenir le 30 mai et Fontainebleau. »

Je ne fais aucun usage de plusieurs lettres postérieures, adressées aussi à Madame la grande-duchesse héréditaire. Elles contiennent en particulier des nouvelles de la campagne d'Afrique, jusqu'à la prise de Constantine ; la duchesse Hélène y prend une part aussi vive que si le sang français le plus ardent coulait dans ses veines.

---

[1] C'était l'anniversaire de la mort du prince Albert.

Le duc d'Orléans, comme la famille royale entière, était animé des mêmes sentiments. Tous les princes et les princesses étaient occupés auprès de leur mère à écrire les joyeux messages à des amis éloignés, de même que la duchesse le faisait pour sa mère. On aime à l'entendre décrire la prise des forts, les fêtes brillantes de Paris, et la joie du peuple à la nouvelle des victoires de l'armée. L'enthousiasme de la princesse pour la gloire et la prospérité de la nation qui était devenue sa patrie, donne à cette description un attrait particulier. Mais il y a d'autres fêtes que celles dont l'écho s'évanouit si vite, d'autres chants que ceux qui retentissaient alors dans les églises de la capitale, où les sons graves de l'orgue alternaient parfois avec des airs d'opéra. Nous avons ici en vue « ces chants de triomphe et de délivrance qui retentissent dans les tabernacles des justes pour célébrer les victoires que garde la droite de l'Eternel » (Ps. CXVIII, v. 15). Nous aimons à lire les passages suivants d'une lettre écrite en 1837, pendant les fêtes de Noël ; il y est question des joies intérieures que donnent les succès dont la gloire et l'honneur subsistent éternellement.

Ma bien chère mère,

« Voici un jour où nos pensées se rencontrent peut-être plus qu'à l'ordinaire. Vous l'avez toujours marqué par tant de témoignages d'amour; il a été de tout temps un jour de fête pour vos enfants, et j'ai le cœur gros en songeant à la dispersion de tous les habitants de Friedensbourg réunis, il y a un an, autour de l'arbre de Noël, et heureux de considérer les beaux présents, offerts par l'affection. Je suis aussi reconnaissante aujourd'hui, mais reconnaissante à un autre point de vue qu'il y a un an. Lorsque je rêvais à la France sous le sapin de Noël, et que je cherchais à me représenter ce que deviendrait mon avenir, je n'osais espérer que Dieu me donnerait en partage une si riche, si belle destinée. Oh ! que n'êtes-vous ici aujourd'hui et demain, chère mère ; car demain, dans cette belle fête de Noël, je prendrai la cène ; mon cœur éprouve le besoin de se réchauffer au foyer de la lumière et de la vérité, et de se fortifier contre les attaques de ma tiède nature, qui éteindraient l'étincelle de ma foi, si celle-ci n'était pas préservée des vaines frivolités et des séductions du monde. Sans vous, sans quelqu'un qui sente comme moi, qui me comprenne et à qui j'aime à m'ouvrir, ma tâche est difficile. J'ai été jusqu'ici un peu gâtée ; il m'est bon à cet égard d'être seule, afin que je me tourne entièrement vers le Seigneur et que j'attende *tout* de son action sur mon cœur ; au reste, est-on seul quand on l'a pour ami et qu'on ose tout lui demander ? Je suis réjouie que la fête de Noël ait aussi une grande importance dans ce royaume. La reine et Clémentine sont allées se préparer pour la communion de demain.

« Ah ! ma mère, combien je suis encore loin du modèle que notre Sauveur nous a donné ! Je ne me suis peut-être jamais sentie aussi coupable que maintenant, car il me paraît bien inconséquent d'être aussi tiède que je le suis devenue au milieu même du bonheur ; d'autant que je reconnais mille appels du Seigneur dans ma position actuelle, dans l'affection qui m'entoure, dans les devoirs qui me sont imposés, et que néanmoins je me trouve si peu en état d'y répondre. En un mot, je suis très-humiliée de mon indolence, de mon peu de foi, et je sens que je ne le suis pas assez, que je suis bien loin de l'être dans la mesure de mes fautes. Quand je suis dans cette disposition intérieure, j'éprouve un indicible besoin de m'entretenir avec vous ; car, dans votre voisinage, je serais meilleure, plus fidèle, plus simple et plus ferme. Quelle grande bénédiction d'avoir une mère pieuse et fidèle ! Je ne puis assez bénir Dieu de ce qu'il vous a donnée à moi pour que je puisse me réchauffer sous votre aile maternelle. »

Le lendemain de Noël.

« Hier, ma chère mère, je n'ai pu trouver le moment de vous écrire au retour de l'église, et j'en ai été bien peinée, car c'était une journée que la sainte cène me rendait si précieuse ! J'ai vivement et profondément senti le voisinage du Seigneur au moment de la communion. J'avais pris avec moi l'Imitation de Jésus-Christ, et je pouvais lire avec recueillement. Cuvier a fait du haut de la chaire un petit sermon de confession ; je m'examinais sur chaque point et je m'humiliais surtout en ce qui concernait l'indolence et la tiédeur. Je me suis approchée de l'autel et j'ai été fortifiée dans ma foi et dans l'amour du Sauveur, qui seul aide à être fidèle dans la bonne voie.

« La veille de Noël, la bonne reine m'avait procuré une surprise, en faisant garnir secrètement un bel arbre qu'on plaça dans mon salon blanc, pour qu'il me rappelât l'Allemagne. Elle est si ingénieuse à faire plaisir que je songe souvent à vous en la voyant. »

Une autre lettre écrite à la fin de l'année exprime des sentiments analogues à tant d'autres lettres des premiers mois de l'année 1838.

XV

PROSPÉRITÉ DOMESTIQUE ET BONHEUR INTÉRIEUR.

Le désir ardent qu'avait Madame la duchesse de revoir sa mère fut réalisé en 1838, lorsqu'elle eut l'espoir de donner au duc un héritier. Le soin de sa santé l'obligea de vivre dans une retraite absolue où elle ne s'entretenait qu'avec Dieu, son époux et elle-même. Elle eut encore une autre jouissance à la même époque. Mlle Nancy Salomon, de Genève, qui avait veillé sur elle dès son enfance et qui partageait toutes ses joies et ses souffrances, passa quelques semaines auprès d'elle et seconda le duc dans les soins que réclamait la situation de la princesse. Celle-ci m'adressa vers cette époque une lettre, dont voici la copie :

Cher professeur,

« Agréez mes plus sincères remercîments de l'intéressante lettre et de l'envoi oriental que vous m'avez fait parvenir au commencement du printemps par le jeune Schmidt. J'étais alors souffrante et je vivais dans une profonde solitude. Vos paroles, la rose de Jéricho dans la marche merveilleuse de sa résurrection et de son développement, et enfin la manne du désert, qui vous a été donnée par les moines du couvent de sainte Catherine sur le Sinaï, à ce que m'ont appris les feuilles qui entouraient ces petits trésors, tous ces souvenirs m'ont vraiment réjouie ; et, si je vous en exprime tard ma reconnaissance, elle n'en est pas moins sincère.

« Que vos vœux ne cessent pas d'accompagner notre roi, ses enfants et ses sujets, car vous ferez descendre du ciel sur nous la vraie bénédiction, cette bénédiction dont nous avons besoin à toute heure, dans toute situation de la vie, et qui est surtout nécessaire au roi dans sa position. Quand les fatigues, le fardeau et la responsabilité de chaque décision sont si grands, la main de notre Dieu peut seule nous fortifier ; elle seule peut nous diriger sur la bonne voie. Moi aussi, dans ma sphère plus restreinte, j'implore son assistance, et vous comprendrez que j'en attende plus spécialement les précieux effets dans le moment actuel et dans un avenir qui s'ouvre sous de si heureux auspices.

« Vous apprendrez sûrement avec intérêt que j'attends ces jours-ci ma chère mère, qui passera chez nous l'été et l'automne. Elle n'est nulle part aimée comme dans ma famille actuelle et elle n'aurait pu trouver un fils plus fidèle que le duc, après la perte de celui qui lui était si tendrement attaché.

« Comme vous avez toujours su apprécier le caractère éminent de Mlle Nancy Salomon, vous serez sans doute réjoui d'apprendre son mariage avec M. le colonel de Bontems, de Genève, connu par son intéressant voyage et excellent homme, à ce qu'il paraît. Après une vie traversée d'épreuves, il semble qu'un sort heureux et paisible lui soit maintenant réservé.

« Dites à Mme de Schubert que ses salutations m'ont fait un grand plaisir, et que sa visite promise ne m'en ferait pas un moins grand. Oui, venez et voyez vous-même tout ce qu'il y a de bon, de grand et de noble ici.

« Je suis, avec la plus sincère considération, votre ancienne élève

HÉLÈNE. »

Neuilly, 17 juin 1838.

Vers l'époque où la lettre précédente était écrite, la duchesse eut le bonheur longtemps souhaité de revoir sa mère. En mettant le pied sur le sol français, Madame la grande-duchesse trouva déjà une lettre de bienvenue; et, même après son arrivée, les tête-à-tête ne suffisaient pas toujours à la duchesse, qui laissait courir sa plume pour épancher son cœur, quand elle avait été empêchée de voir sa mère. Voici, entre autres, un billet qu'elle lui écrivait un soir :

« Encore un cordial souhait de bonne nuit, ma bien chère mère. Malheureusement *par écrit*, puisqu'il ne vous a plus été possible de venir. Comme nous ne pouvons non plus faire notre lecture du soir, je copie ici une strophe [1], et je souhaite que vous vous réveilliez demain de bonne heure et en parfaite santé. Votre enfant. »

Le 24 août, la naissance du comte de Paris avait été un heureux événement pour la France. Madame la grande-duchesse resta auprès de sa fille jusqu'à la fin de l'automne, et alors leur correspondance reprit son cours.

Je n'extrais qu'un passage d'une lettre du 17 novembre 1838 :

« Le lendemain, dans la soirée, je fis la connaissance de notre grand peintre allemand Cornelius ; il nous a expliqué les dessins de son Jugement dernier, qu'il peint dans le chœur de la Ludwigskirche. Il m'a dit qu'il méditait depuis vingt ans cette création et qu'il avait particulièrement étudié dans ce but Dante, d'après lequel

---

[1] Ici se trouve dans l'original une strophe d'un cantique du soir, de Paul Gerhard. (*Note du traducteur.*)

il a reproduit les sept régions successives de l'enfer des damnés. Je trouve cette mise en scène incomparablement plus belle que celle de Rubens, que j'ai vue à Dresde ; j'aime l'idée de mettre au centre du tableau la conscience personnifiée, le livre ouvert sur la poitrine, et le regard levé vers le juge, qui, d'une main, écarte les méchants et, de l'autre, appelle à lui les siens. »

Peu de jours après, la duchesse me parlait aussi, dans la lettre suivante, de notre grand maître Cornelius :

Paris, 19 novembre 1838.

« J'avais depuis longtemps, cher professeur, l'intention de vous remercier de la lettre que vous m'avez envoyée par madame Zech ; j'en ai été empêchée jusqu'ici par de joyeux événements, qui me justifient sans doute auprès de vous, et auxquels votre cœur aura sûrement pris part. La naissance de mon cher enfant, les soins indispensables qui l'ont suivie, et plus tard encore, les dernières jouissances du séjour de ma chère mère, m'ont fait suspendre toute correspondance ; je commence seulement à renouer les liens qui m'attachent à mon ancienne patrie. La main de votre ami [1] vous remettra ces lignes, et j'espère que cette circonstance leur procurera un bon accueil. Un court entretien que j'ai eu avec lui me laisse

---

[1] Cornelius. (*Note de l'auteur.*)

le regret qu'il ne fasse pas un plus long séjour à Paris, pour que nous puissions mieux apprécier un artiste et un homme si éminent. Les simples paroles qu'il a exprimées sur l'art ont trouvé de l'écho en moi par leur vérité, et je voudrais que nos artistes fussent animés d'un esprit aussi sérieux que le sien. A cet égard aussi, les liens entre la France et l'Allemagne me sont précieux, car il est évident à mes yeux que les deux nations gagneraient à les resserrer.

« Je me souviens avec un grand plaisir des premières années de mon enfance, dans lesquelles vous combliez de joie mon jeune cœur par vos récits pleins de vie et de variété ; je me prends à souhaiter que mon enfant puisse aussi avoir dès le bas âge un si aimable *pro*, qui agisse avec succès sur son cœur. Son bonheur, son avenir, son développement me préoccupent déjà plus que je ne puis le dire ; vous me comprenez sans doute. Les premières impressions, dont la direction subséquente garde toujours l'empreinte, me paraissent très-importantes, et une mère doit les surveiller dès les premiers jours ; mais il faut pour cela la sagesse d'En-Haut, la force et le courage. Veuille le ciel me les accorder ! Priez pour moi, afin que la volonté du Seigneur s'accomplisse en nous.

« Vous savez peut-être déjà que ma mère veut de nouveau me quitter et passer le triste hiver dans la solitude, maintenant déserte, de Ludwigslust. Nous avons eu de bien doux entretiens pendant ces heureux jours, et son cœur aimant a été vivement attiré vers son petit-fils.

« Je termine, etc.

HÉLÈNE. »

« P. S. A mon grand regret, le joli petit bull-bull est mort cet été ; je me suis accordé la mélancolique consolation de le garder empaillé pour servir de jouet à mon jeune fils. Les enfants doivent apprendre à aimer les animaux ; et celui-ci mérite tout spécialement de l'être. »

« Dans mon dernier voyage à Paris, écrivait la grande-duchesse après son retour, j'ai vécu beaucoup plus seule avec Hélène, parce qu'elle restait davantage à la maison. Le moment redouté s'est passé si heureusement que j'ai été humiliée d'avoir eu peur. J'ai rarement vu un aussi délicieux petit enfant que celui-là. »

Au reste, Madame la grande-duchesse avait d'autres idées que sa fille, quant aux effets de la solitude de Ludwigslust sur la disposition de son esprit. Elle écrit à ce sujet : « Je m'étais autant que possible accommodée à la vie de Paris; mais je vois bien qu'il est difficile de vivre dans le grand monde, quoique la grâce de Dieu rende cette contrainte moins pénible. Je me trouve tout à fait à l'aise dans ma solitude, que je voudrais parfois rendre encore plus profonde. »

Le bonheur de famille de Madame la duchesse d'Orléans avait maintenant atteint son apogée. Louis-Philippe, déjà disposé de nature à l'affection, était devenu un père de famille plus tendre encore depuis la naissance de son premier petit-fils. Il s'arrêtait souvent devant le berceau de l'enfant endormi, qu'il contemplait avec une satisfaction prononcée ; et, plus tard, lorsque l'enfant, comprenant avec sa précoce intelligence cette affection de son aïeul, lui tendait non moins affectueusement ses petites mains, c'était pour le roi une joie au-dessus de toute autre.

En 1839, la duchesse Hélène eut la douleur de se séparer du duc pour quelques mois. Avec son caractère chevaleresque, il ne put résister plus longtemps au désir de prendre part à une seconde campagne en Algérie ; il fit ses dispositions et, accompagné de la duchesse, il partit en se dirigeant par le sud de la France et les Pyrénées. Je possède une lettre qu'elle m'écrivit dans le cours de cette année si importante pour elle et pour beaucoup de personnes ; mais, comme cette lettre ne contient guère que des choses qui me concernaient, j'y en substitue une autre adressée à sa mère pour lui donner un aperçu du plan et de la direction du voyage.

Paris, 2 août 1839.

« J'écris aujourd'hui au milieu d'une grande préoccupation, que je garderai sans doute quelques jours et qui précède toujours un voyage. Bien que je puisse confier sans crainte mon enfant à la reine, je ne puis m'en séparer sans un serrement de cœur. Nous partirons le 9, d'aujourd'hui en huit ; les affaires encore indispensables, les études préliminaires, le désir de m'approcher de la table du Seigneur, pour en recevoir force et bénédiction, tout cela m'occupe et m'empêche de rien faire avec calme. Vous connaissez ce sentiment et vous me plaignez sans doute un peu. Vous nous suivrez sûrement en pensée dans notre pèlerinage ; et votre bénédiction, chère mère, ne nous manquera pas. Le 17, nous arriverons à Bordeaux ; notre projet est d'y rester six à huit jours, puis de prendre par les départements du sud, de visiter les belles Pyrénées et d'aller à Toulouse et à Perpignan. Le 9 septembre, le duc s'embarque à Port-Vendre pour Alger ; je pars en toute hâte, j'arrive le 14 à Randon où je trouve la tante ; et, après avoir passé quelques jours auprès d'elle, je reviens à Paris pour reprendre l'enfant sous ma garde.

« Pendant mon absence, la famille se rend à Eu et emmènera sans doute l'enfant. — Voilà de vastes projets qui me paraissent parfois encore problématiques, parce qu'ici la moindre chose bouleverse souvent les plans d'avenir. — Vous savez bien, chère mère, que votre souvenir m'accompagnera pendant tout le voyage. — Pourvu qu'il n'arrive rien à l'enfant ! cette pensée agite toujours mon pauvre cœur, et je ne puis l'apaiser que par la prière suivante :

> Breit' aus die Flügel beide
> Und nimm dein Küchlein ein !
> Will Satan es verschlingen

So lass die Englein singen.
Dies Kind soll unverletzet seyn[1].

« N'est-ce pas, chère mère, c'est là ce que vous demandez aussi à Dieu pour lui? »

Arrivé à Port-Vendre, dans le département des Pyrénées orientales, le duc prit congé de son épouse. Cette séparation ne lui coûta pas moins qu'à elle; il ne pouvait, écrivait-il dans son journal, détacher ses yeux de la fenêtre où la duchesse continuait à lui faire ses adieux en agitant un mouchoir; mais enfin la distance mit fin à cette scène touchante. Après son retour à Paris, la duchesse se consacra tout entière à son enfant. Le roi lui avait permis de vivre dans la retraite pendant l'absence du duc. Lors même que son époux n'était plus le centre de sa vie domestique, elle n'en vivait que davantage en esprit avec lui et auprès de lui. Le duc lui-même ne négligeait aucune occasion de lui écrire d'Alger, et quand les feuilles publiques faisaient son éloge, elle en était tout heureuse. La famille royale venait souvent la voir à l'heure où le petit comte de Paris dormait, car cette tendre mère ne le quittait qu'alors. Quand elle recevait la visite des plus jeunes membres de sa famille, on fai-

---

[1] Voici le sens littéral de cette strophe de Paul Gerhard : « Etends tes deux ailes et abrite ton poussin! Si Satan veut le dévorer, que les anges chantent : « Il n'arrivera aucun mal à cet enfant! »

sait une lecture ou bien on chantait des romances françaises. Etait-elle assise auprès du lit de son enfant, elle s'occupait souvent à rédiger un journal de son voyage dans les belles contrées du sud-est de la France ; ce journal, illustré de dessins, était destiné à distraire sa mère chérie dans sa solitude de Ludwigslust.

Mais j'ai encore à mentionner ici un autre avantage spirituel que son excursion dans le midi de la France et les Pyrénées eut pour beaucoup, on pourrait dire, pour des milliers de personnes. Le mariage de la duchesse d'Orléans, mais plus encore son passage dans les départements du sud, où la réforme compte beaucoup de prosélytes, avaient éveillé de légitimes espérances chez les protestants. Plusieurs amis, et entre autres Heimpel Boissier, qui me visita à cette époque, m'ont dépeint la joie et l'émotion qu'excita chez leurs coreligionnaires la présence de la duchesse aux côtés de son noble époux.

A cette occasion, je dois relever spécialement l'influence plus ou moins reconnue qu'exercèrent sur la nation française les croyances religieuses prononcées de la duchesse d'Orléans. Bien qu'elle se gardât avec soin d'appeler la publicité sur ses principes et sur sa vie, la nation en apprenait assez pour s'estimer de plus en plus heureuse qu'une telle mère élevât l'héritier de la couronne et lui inculquât des principes fermes, de nobles sentiments et l'amour de ses futurs sujets. Si les protestants n'avaient été jusqu'alors que tolérés, on se voyait maintenant forcé de respecter une foi que professait franchement une princesse d'un mérite si distingué. Sans réclamer les moindres priviléges pour sa confession, la duchesse, par la fermeté et les fruits de sa foi, gagnait à sa cause l'estime publique. Louis-Philippe, le premier, s'était exprimé de la manière suivante : « Je veux que mes petits-fils soient catholiques, mais je ne souffrirai jamais que la religion de ma belle-fille soit l'objet de négociations diplomatiques. C'est là une affaire entre elle et Dieu, et jamais elle n'entendra là-dessus un seul mot qu'elle n'ait provoqué elle-même. » — La confiance qu'avaient en elle le roi et la reine était si grande à cet égard que, dans la suite, elle osa composer elle-même les premières et courtes prières de ses enfants. Pendant qu'elle se rendait dans sa modeste et vieille église luthérienne de la rue des Billettes, son jeune fils, conduit par son aïeule, allait entendre la messe et lisait ensuite les prières enfantines que sa mère avait écrites pour lui en gros caractères et en français.

Ce n'était pas seulement à Paris, mais aussi dans toute la France, du Rhin à l'Océan, des Pyrénées à la Manche, que les coreligionnaires de la duchesse Hélène voyaient en elle une amie du Seigneur, qui était aussi pour eux une amie dévouée, et, s'il le fallait, une protectrice prête à intercéder en leur faveur.

En 1840, le duc de Nemours épousa, de son côté, une princesse allemande, qui eut sa place dans le cercle de la famille royale de France. La duchesse d'Orléans acquit en elle une sœur avec laquelle elle partageait tous les souvenirs de leur commune patrie, qui revivait ainsi pour toutes deux au milieu de la France et de la cour.

Le duc d'Orléans revint à Paris, et retrouva auprès de son Hélène et de son jeune fils les joies de famille, qu'il mettait au-dessus de toutes les autres. Quand on était assis le soir autour de la table à thé de la reine, il avait toujours la duchesse à son côté, mais quand ses devoirs militaires l'appelaient ailleurs, « elle faisait usage de la permission de rester dans sa chambre ; elle portait alors elle-même le petit comte de Paris dans son berceau, et s'amusait de son doux babil enfantin, jusqu'à ce qu'elle lui eût fermé les yeux par ses chansons. Alors elle s'absorbait dans l'étude de Beethoven, dont elle appelait l'admirable musique le langage le plus noble et le plus pur ; » ou bien elle consacrait ses courts moments de loisir à écrire à ses parents et amis d'Allemagne, qu'elle désirait souvent avoir plus près d'elle. Elle s'exprimait là-dessus dans une lettre à son amie :

« Quand l'âme épanche ses sentiments dans une lettre intime, il semble que dans cet entretien si plein de charmes, nous sentions plus profondément encore le bonheur de l'affection, la douleur de l'absence et l'impatient désir d'être éternellement réunis. Je parle d'une réunion dans l'éternité, qui seule n'est pas interrompue, car celles d'ici-bas, que j'aime sans doute beaucoup, ne sont jamais que pour un temps. »

Parfois, mais moins souvent que dans les premières années, cette paisible vie domestique était interrompue par des excursions faites en compagnie de toute la famille royale, soit à Saint-Cloud, soit au château d'Eu, dans le voisinage de la mer et de l'intéressant Tréport.

La lettre suivante de la duchesse soulève un coin du rideau qui dérobait aux regards cette vie d'intérieur si calme et si douce.

Neuilly, 7 juillet 1840.

« Voici une salutation venant de France à votre adresse, cher professeur, et à celle de Mme de Schubert, par l'entremise de l'aimable petite dame de Zech, qui retourne en Allemagne pour y rester. Je voudrais appuyer sur chaque mot destiné à me rappeler à votre souvenir, car il me semble que les années, bien loin d'affaiblir les impressions de ma première enfance, augmentent mon attachement et mon respect pour vous. C'est comme si votre image se présentait à mon esprit toujours plus fraîche et plus vive. Je souhaite néanmoins de tout mon cœur de la voir animée par la réalité, et, d'une année à l'autre, je compte sur la visite que vous m'avez promise.

« Votre buste orne la chambre de mon enfant, qui l'appelle grand-papa; le sien pourrait aussi avoir sa place dans votre cabinet, pour qu'en y jetant parfois un regard, vous ayez à l'adresse de mon fils une pensée d'affection paternelle et de bénédiction. Je le confie donc avec cette prière à Mme de Zech, et j'y joins pour votre chère femme un autre petit souvenir qui, dans sa quadruple utilité, lui sera peut-être agréable par *un* côté. Priez-la de l'employer en souvenir de moi, et de voir dans le cachet l'image de la suprême perfection—sagesse et grâce—vie, lumière et amour.

« Je termine par l'assurance de mon ancien et fidèle attachement, que je n'ose plus appeler filial, car cet âge est depuis longtemps derrière moi.

HÉLÈNE. »

J'ai encore sous les yeux une autre lettre, antérieure à la précédente ; c'est toujours la même harmonie spirituelle, mais l'accord en est plus élevé ; le cercle plus restreint des tendres soins d'une mère pour son enfant fait place à celui d'une ardente affection pour sa nouvelle patrie, dont le sort la préoccupe vivement.

Tuileries, 4 mars 1840.

« L'expression de ma profonde reconnaissance, très-cher professeur, a depuis longtemps devancé cette lettre par l'entremise de la comtesse Giech, qui m'a beaucoup parlé de vous. Je ne puis cependant tarder plus longtemps de vous adresser directement mes plus vifs remercîments, et de vous dire le plaisir que me procure en ce moment la lecture de votre intéressant ouvrage, dans lequel la postérité recueillera le fruit de vos longs travaux, de votre persévérance et de vos fatigues. Je ne suis pas encore parvenue avec vous dans la Terre-Sainte; je suis exclusivement occupée de l'Egypte, cette terre qui a soulevé de si grandes questions dans le monde moderne, après avoir gardé en dépôt dans l'antiquité celles de l'immortalité, les plus grandes de toutes. Il doit être d'un très-haut intérêt d'étudier comment une civilisation toute moderne est greffée sur le vieux tronc des sectateurs du Coran.

« Si seulement l'esprit du christianisme était, dans cet autre élément, plus sain, plus vivant, plus animé de ce souffle puissant qui rallume la flamme de la foi dans les âmes et renverse l'incrédulité et la superstition ! Mais il n'en est pas ainsi. Nous ne devons pas douter néanmoins que de bonnes semences, destinées à fertiliser un jour le sol, ne soient aussi propagées.

« Vos vœux, vos prières pour notre pays, pour notre maison, qui, selon votre expression si juste, est placée au feu de bivouac de l'Europe, sont toujours une grande consolation pour moi, car j'ai foi en leur efficacité et je sens que nous en avons besoin. Ah ! demandons que les âmes fidèles ne cessent de prier avec nous et pour nous ; que le Seigneur, au milieu de tant d'ivraie, laisse croître le froment ; que, dans la lutte le bien l'emporte ; que, dans le vertige de la frivolité, sa parole ne soit pas oubliée ; que l'intérêt général, le salut de tous remporte la victoire sur les conflits des mesquines passions. Nous vivons dans un monde bigarré où surgissent les images les plus dégoûtantes et les plus nobles, où la foi et l'impiété se heurtent et se produisent en tous lieux. Prier, prier, voilà le mot d'ordre ; prier que son règne vienne, que sa volonté se fasse.

« Mon jeune fils, dont vous me parlez, est un cher enfant, gai et heureux. Il a mes traits et les yeux de son père ; il est doux et a néanmoins sa volonté ; il est très-sensible et pourtant assez indépendant ; Dieu veuille le guider ! Lui seul le peut ; je veux donc mettre en Lui seul ma confiance.

« Saluez le bon Oettl et vos filles, Selma et Adeline, dont les traits s'offrent confusément à mon esprit, comme un songe de l'enfance. Je n'oublie pas votre chère femme, dont j'ai souvent admiré la persévérance dans ce lointain voyage.

« Et maintenant adieu, pensez à moi et priez fidèlement pour moi, comme un père.

Hélène. »

Quand je porte mes regards sur le bonheur terrestre dont jouissait à cette époque une princesse appelée à une si haute mission pour le temps et l'éternité, je me sens pressé de rappeler encore une fois l'épigraphe d'un précédent chapitre : « La vie est un songe. »

Le 9 novembre de l'année 1840, l'heureuse mère avait un second fils, Robert, duc de Chartres. Peu de temps auparavant, elle avait été atteinte de la rougeole avec le comte de Paris, et l'on avait craint un moment pour sa vie. Mais le danger était passé ; et, indépendamment du duc, deux cœurs aimants et dévoués prirent une vive part aux joies maternelles qui suivirent sa délivrance ; c'étaient Mme la grande-duchesse héréditaire Auguste de Mecklenbourg, et Mme de Bontems (Nancy Salomon), de Genève, qui passèrent l'hiver à Paris. Le soin de sa santé obligea la duchesse à vivre dans une retraite presque absolue ; elle put donc jouir plus souvent et sans troubles des charmes d'un petit cercle composé du duc, de ses deux enfants, de sa mère et de son amie. La lettre suivante, qu'elle m'adressa comme souhait de nouvelle année, prouve qu'elle appréciait ce bonheur, qu'elle en était reconnaissante et que sa joie intérieure avait besoin de s'épancher.

Tuileries, 3 janvier 1840.

« L'envoi que je dois à votre bonté, cher professeur, m'a fait un sensible plaisir. Vous avez parlé de l'accomplissement de mes souhaits les plus ardents, et mon cœur aurait bien voulu accepter comme prophétiques des vœux qui, parfois, se changent en une muette prière, ainsi que vous le dites vous-même. Le cœur d'une mère peut-il former un vœu plus profondément senti que celui de voir son enfant, ses enfants grandir pour la gloire de Dieu ; que celui d'être un fidèle instrument dans sa main, de guider vers lui leurs jeunes cœurs et de les voir un jour sur la route du salut. Vous vous associez à cette prière de mon âme ; laissez-moi vous en remercier, cher professeur ; votre prière est pour la mienne un soutien, je pourrais dire, une aile qui lui donne plus facilement accès auprès du Seigneur.

« Les contes si intéressants que votre plume écrit en se jouant, pour se délasser de travaux sérieux, méritent aussi un remercîment spécial. Ils nous ont souvent égayées, ma mère et moi, dans ces heures de repos qui ont suivi la naissance de mon petit Robert, et que nous étions si heureuses de passer ensemble. Le jour viendra où ils serviront aussi à l'instruction de mes enfants, dont l'un demande souvent déjà de petites histoires. Que n'ai-je au même degré que vous ce don de raconter, dont le charme agissait avec tant de puissance sur les enfants qui vous entouraient !

« J'ai encore le souvenir du bonheur que j'éprouvais dans ma quatrième année, lorsque vous nous rassembliez autour de vous, et que les plus riants sujets traversaient ma petite imagination. Les récits se sont évanouis, mais le goût d'écouter attentivement, et l'attachement pour le cher conteur me sont restés ; et, comme l'abeille, je tire encore du calice de mes premiers souvenirs un miel doux et fortifiant.

« L'ancienne année est maintenant écoulée ; elle a abondé en bénédictions pour moi ; mais il m'en a manqué une ; en serai-je dédommagée dans le cours de la nouvelle année ? votre visite, depuis si longtemps promise, se réalisera-t-elle ? Je l'attends comme un enfant qui compte sur une joie promise, et je continue à espérer jusqu'à ce que vous soyez là.

HÉLÈNE. »

Le plaisir que l'indulgente duchesse disait avoir éprouvé à la lecture de la première partie de mes contes, m'enhardit à lui faire hommage de la seconde, que j'accompagnai d'une lettre d'envoi. Le lecteur peut deviner le contenu de sa réponse par ce qu'il sait déjà des sentiments de la princesse, si humbles et si fidèles aux impressions de sa première enfance.

Je vais être forcé d'étendre un voile de deuil sur le portrait que je cherche à esquisser.

XVI

ÉNIGME DE LA VIE PRÉSENTE.

Dans les régions tropicales où les ardents rayons solaires donnent à plomb sur les hauteurs, la nuit surprend à l'improviste et étonne le voyageur venant du nord. Il ne peut compter ici sur un long crépuscule, qui prépare insensiblement le passage de l'éclat du jour à l'obscurité de la nuit. Le soleil s'abaisse à l'horizon, et les étoiles, sortant de leurs incalculables profondeurs, brillent aussitôt de toutes parts ; un monde nouveau semble s'offrir au regard du voyageur solitaire.

C'est là l'image de l'événement imprévu qui atteignit en 1842 la vie de la duchesse d'Orléans ; il éclata par une dispensation dont l'œil ne peut sonder la profondeur, et dont l'esprit humain ne peut mesurer la portée. Néanmoins, lorsque le cœur aimant de la princesse se vit tout à coup enveloppé de ténèbres, les étoiles scintillaient déjà au milieu de la nuit.

Dès le commencement de 1842, des pensées de mort traversaient l'âme de la princesse, qui m'écrivait au mois de mars, en réponse à une lettre de ma part :

« Elle a atteint sa destination et son but ; la paisible solitude d'une femme attristée, telle était la destination; lui procurer un bon moment, tel était le but — deux fois merci ; vos paroles si profondes, si sérieuses, si empreintes de foi m'ont fait un bien indéfinissable; des larmes brûlantes ont arrosé ces lignes, » etc.

La douleur dont son cœur était alors affecté, bien que profonde, n'était pas encore ce coup de foudre qui éclata le 13 juillet et brisa un cœur déjà blessé.

Au milieu du bonheur dont elle jouissait en France, ses souvenirs lui rappelaient le Mecklenbourg. Quand elle s'entretenait avec le duc, elle lui faisait aimer ses parents d'Allemagne par la manière dont elle lui en parlait ; dans l'une des premières années de son mariage, elle éprouva un sensible plaisir, lorsqu'elle put se convaincre que leurs dispositions à son égard étaient tout autres que précédemment. Le séjour que la grande-duchesse héréditaire avait fait à Paris avait d'ailleurs établi, entre la cour de France et celle de Mecklenbourg, des rapports de plus en plus intimes. Dans de telles circonstances, la mort du grand-duc Frédéric-Paul (7 mars 1842) émut très-vivement le cœur de la princesse et ne fut pas sans influence sur le dérangement de sa santé.

Les médecins lui avaient prescrit les eaux de Plombières; mais elle ne se séparait qu'à regret de ses enfants et du duc, qui fit usage de son affectueuse autorité et l'accompagna dans les premiers jours de juillet. Quand il la quitta, elle eut le cœur plus serré qu'à Port-Vendre, bien que le retour de Plombières à Paris n'offrît aucun des dangers auxquels le duc avait été exposé dans sa campagne d'Alger. Toutefois la lettre suivante, adressée à la grande-duchesse, ne trahit pas une disposition mélancolique et ne laisse aucunement pressentir le fatal événement qui était déjà passé au moment où elle écrivait, si toutefois la date est exacte. D'autres faits analogues me permettent de supposer que la lettre a été écrite plusieurs jours auparavant.

Plombières, 14 juillet 1842.

Ma bien chère mère,

« Me voici dans une paisible et solitaire vallée des Vosges, où je pense souvent à vous, et où j'écris aujourd'hui cette lettre. Depuis que vous n'avez eu de mes nouvelles, nous avons très-heureusement fait le voyage, mais à petites journées, car mon bon duc me soigne comme un enfant nouveau-né. Nous avons traversé la Champagne, en passant à Vitry et à Toul, où se trouve une ancienne et fort belle église. Nous avons vu Nancy, où le souvenir du bon Stanislas est encore vivant; de là nous sommes arrivés par Epinal à Plombières. Les Vosges, au milieu desquelles je vis, me rappellent fort la forêt de Thuringe, les fraîches et vertes vallées d'Eisenach, et parfois la vallée de Schwarzbourg. La population est bonne, tranquille, paisible, brave, fidèle et encore très-monarchique. C'est dans le département des Vosges qu'est Waldbach, la commune d'Oberlin ; je compte y aller et j'y penserai beaucoup à vous ; si je le puis, j'irai voir sa tombe. J'ai reçu, dimanche passé, la visite du pasteur Jaudt, qui fonctionne à Roshau, commune filiale du bon Oberlin. Il nous a fait un petit culte très-édifiant ; il paraît être un homme droit, fidèle et plein de foi.

« Depuis huit jours, je suis seule ici. J'ai de fréquents moments de mélancolie à la pensée d'être ainsi séparée du duc, de mes enfants et de tous ceux que j'aime ; mais cette vie retirée où je trouve le repos et le recueillement, a aussi ses charmes. Je prie Dieu de bénir pour mon âme ce séjour.

« Je crois que les bains auront d'heureux effets sur mon estomac dérangé. Savez-vous ce que je mange depuis le mois de mai.? Trois potages au lait par jour ; toute autre nourriture me fait mal ; avec celle-ci je me porte bien. Mais comme je ne puis en rester là toute ma vie et que je m'affaiblirais enfin, on m'a envoyée ici pour m'habituer insensiblement à un autre régime. Les bains sont très-agréables, mais ils m'éprouvent souvent. Pensez à moi le 25 de ce mois, chère mère ; j'arriverai ce jour-là à Strasbourg et j'y resterai une semaine avec le duc. Cette excursion interrompra, il est vrai, ma cure ; mais elle me sera très-agréable. Sans la connaître, l'Alsace m'a toujours été chère, parce que la population est à la fois française et allemande; il y a là de si excellentes gens que je suis heureuse d'étudier cette partie de la France. J'éprouve un sentiment tout particulier à l'idée d'être tout près de cette bonne Allemagne ! »

Néanmoins, les douloureux pressentiments qui avaient agité le cœur de la duchesse en prenant congé de son époux n'avaient été que trop fondés. C'était une séparation, non de quelques semaines, mais de toute la vie. J'ai à rapporter ici un événement qui, aussitôt arrivé, traversa l'Europe entière, et dont le souvenir est encore présent à l'esprit de beaucoup de personnes.

Le 13 juillet, le duc se rendait à Neuilly. Dans le trajet, les chevaux s'étant emportés, il s'élança hors de la voiture et fut relevé mourant. Près de là se trouvait une boutique d'épicier, dans laquelle il fut aussitôt transporté; il vécut encore quelques heures, mais sans reprendre connaissance. Il n'adressa aucun mot d'adieu à son épouse, à ses enfants, et reçut, sans y répondre, les derniers embrassements de sa famille, qui était accourue et l'entourait dans une morne stupeur. Il dit encore en allemand quelques paroles à son valet de chambre, qui parlait cette langue; mais il fut impossible d'en saisir le sens. Le roi, son père, soutenait dans ses bras la tête du mourant et appuyait ses lèvres sur son front. A quatre heures et demie la lutte avait cessé; le duc, naguère encore plein de vie, venait d'expirer. Tout était silencieux autour de lui ; les larmes brûlantes de la reine étaient muettes, et la douleur de sa famille ne se faisait jour que par des sanglots étouffés. Alors le roi déposa sur le sol le corps inanimé de son fils et dit en soupirant : « Que ne suis-je à sa place ! » Puis il prit la reine par la main et entra avec elle et ses enfants dans une chambre contiguë. Ici, la douleur, moins contrainte, éclata ; le duc d'Aumale surtout ne pouvait se contenir. Leur première pensée à tous fut pour l'infortunée duchesse d'Orléans. La reine s'écria avec l'accent d'une déchirante douleur : « Comment annoncer à la duchesse le malheur qui l'a atteinte ! » « Et quel malheur pour la France ! » dit le roi en pressant avec un regard douloureux la main du général Gérard.

A cinq heures, le cortége funèbre se mit en route. Devant la boutique, convertie plus tard en une chapelle portant le nom du prince, des sous-officiers reçurent le corps et le transportèrent sur un brancard ; derrière eux marchait toute la famille royale, entourée d'une foule désolée.

Cette douleur fut, on peut le dire, générale dans toute la France ; elle était légitime, car la nation avait perdu un prince qui, aux yeux de la grande majorité, garantissait pour l'avenir la paix, le bonheur et les libertés du peuple français[1].

---

[1] Une dame de ma connaissance séjournait alors chez le pré-

La duchesse vivait à Plombières sans avoir le pressentiment de ce qui était arrivé. En prenant congé d'elle, le duc avait dit aux habitants : « Je vous confie ce que j'ai de plus cher au monde ; » et bientôt la duchesse était devenue l'idole des baigneurs et de la population. La fatale nouvelle arriva ; pour y préparer la princesse, on lui dit que son époux était malade ; aussitôt, dans la soirée même du 14 juillet, elle fut prête à partir. Elle était profondément angoissée, pleurait beaucoup, mais la prière la relevait. Elle s'entretint encore avec tous ceux qui entouraient la voiture, distribua de riches aumônes et demanda aux gens de Plombières de prier pour « le prince malade. » Les assistants répondirent par des sanglots, et les vœux de toute la population accompagnèrent le départ de la duchesse, touchée de ces témoignages de sympathie.

Dans toutes les localités que traversait la duchesse, les habitants témoignaient, par leur contenance affligée et respectueuse, la part qu'ils prenaient à son malheur ; beaucoup d'entre eux connaissaient déjà la nouvelle, qu'elle n'apprit dans toute son étendue que pendant le voyage. Ses beaux-frères étaient venus à sa rencontre ; ce qui se passa lors de cette entrevue est rapporté par des témoins qui observèrent cette scène touchante, au-

fet du département de la Loire. Celui-ci avait appris la fatale nouvelle dans le cours de l'après-midi. Il s'enferma aussitôt dans sa chambre, et pendant toute la nuit suivante, on l'entendit gémir sur le malheur de la France. (*Note de l'auteur.*)

tant du moins que les larmes le leur permirent. La duchesse était tombée à genoux dans la voiture qu'entouraient, tout en pleurs, les valets et les postillons. Quand la jeune veuve parut au milieu de la famille royale, à Paris, aucun des témoins de la mort du duc ne put raconter les circonstances de cette entrevue. Il y a des afflictions si profondes que la parole se refuse à en être l'interprète ; elles ont, pour s'exprimer, un langage exceptionnel.

Au moment de la catastrophe, Madame la grande-duchesse était aux eaux de Marienbad ; prévenue par un courrier, elle se hâta de partir pour rejoindre sa fille à Paris. Elle venait d'être providentiellement préparée à la mission qu'elle allait remplir. En effet, avant son départ de Mecklenbourg, elle s'était sentie pressée de voir encore l'ancien instituteur du prince Albert, le pieux pasteur Koch. J'ai déjà parlé de ce digne ecclésiastique, dont le souvenir me sera toujours cher, quoique je ne le connusse personnellement que pour être allé avec lui et le prince Albert, de Milan jusque dans la vallée du Rhône.

Il avait été dangereusement malade depuis le mois de novembre 1841, et semblait être en voie de convalescence. « Dans cet espoir, » écrivait la grande-duchesse, « j'avais osé lui demander une entrevue avant mon départ, et il m'avait permis d'aller auprès de lui. Je le trouvai encore faible, mais amical, prévenant et réjoui de nous voir toutes les trois, c'est-à-dire Mlle Sinclair, L. Lützow et moi. Je passai cinq heures de bonheur dans la maison de ce cher pasteur. Sa vieille mère me parut mourante. Elle était alitée depuis quelque temps ; je la trouvai les mains jointes, attendant l'heure de sa délivrance. Je pensais lui dire un dernier adieu, mais j'espérais revoir son fils, bien que j'eusse le cœur serré en prenant congé de lui. Deux jours après, il était entré dans la joie de son Seigneur. Oh ! quel nouveau et douloureux vide dans notre cercle ! »

Fortifiée par la dernière bénédiction d'un fidèle disciple du Sauveur, qui était maintenant dans cette heureuse patrie où son âme l'avait en quelque sorte devancé depuis longtemps en espérance, la mère de la duchesse arriva à Paris auprès de sa fille. Elle ne s'étonna pas de trouver en elle une résignation qui paraissait incompréhensible à d'autres après une telle épreuve ; car elle savait d'où provenait cette résignation. Les lignes que Madame la duchesse avait adressées à sa mère le 16 juillet, en portaient déjà l'empreinte.

Chère et tendre mère,

« Le coup le plus affreux m'a atteinte ; vous en avez déjà connaissance par la lettre de la reine. O Dieu ! tu es sévère et mystérieux dans tes décrets, mais néanmoins j'ai foi en tes compassions !

« Chère mère ! mon cœur est déchiré. Vous partagez ma douleur, car vous l'aimiez tant ; et lui, il avait tant d'affection pour vous. Je ne puis vous écrire que mon malheur, car ma tête est faible, les yeux me brûlent, ma main tremble et mon cœur va se fendre. Hélas! très-chère mère, quel voyage pour vous! avoir encore à votre âge un si amer chagrin! Oh! venez, venez, que nous pleurions et priions ensemble!

« *P. S.* Je suis arrivée aujourd'hui de Plombières et je suis bien ; mes enfants aussi, Dieu soit loué! le roi de même, mais dans quel état! aucune parole ne peut le décrire. »

La duchesse était à l'ordinaire calme et silencieuse, mais elle ne se refusait à aucune obligation imposée par le rang qu'elle occupait. On hésitait à introduire auprès d'elle quelques personnes de sa maison, qui désiraient lui exprimer leur sympathie; mais elle répliqua : « Faites-les entrer ; je veux accueillir aussitôt que possible tous les témoignages de douleur étrangère, afin de pouvoir d'autant plus vite me livrer entièrement à la mienne. »

Les enfants ne comprenaient pas la perte irréparable qu'ils avaient faite, ni la cause des larmes de leur mère, qui redoublait de tendresse à leur égard. Dans les premiers jours qui suivirent la mort, le comte de Paris demandait souvent « son petit papa, » et s'étonnait de voir à ce mot les larmes de sa mère couler avec plus d'abondance.

La tendre affection de la grande-duchesse soulageait la profonde douleur de sa fille. Jamais peut-être la duchesse d'Orléans ne rendit grâces avec plus de ferveur d'avoir conservé une telle mère. Elle se remettait entièrement à Dieu, attendait tout de Lui, qui avait trouvé bon de lui imposer une si grande épreuve. Il avait mis un baume sur sa plaie ; il lui avait indiqué la route qu'elle devait suivre au travers d'une vie, maintenant déserte et décolorée. Elle avait l'assurance qu'il ne la délaisserait pas, qu'il la rattacherait, s'il le fallait, à cette vie qui n'avait plus de prix à ses yeux.

Au milieu de sa profonde douleur, la reine la relevait aussi ; elle ne pouvait contempler sans émotion et sans admiration sa fille, qui avait fait une perte si immense; de son côté, la duchesse redoublait d'affection et de respect pour la mère de son époux, car elle savait ce qu'il avait été pour la reine.

La jeune veuve, au plus fort de son deuil, reconnaissait hautement l'inestimable prix du bonheur dont elle avait joui. « Je n'aurais pas donné mes cinq années de félicité, » disait-elle à sa maternelle amie, Mme de Both, « si j'avais pu échapper ainsi aux souffrances qui ont été plus tard mon partage. » C'est ce qu'elle exprimait avec plus d'énergie encore, lorsqu'elle disait à une autre amie que le sacrifice d'une minute de son précédent bonheur aurait plus que racheté des années d'affliction. Sa félicité, ajoutait-elle, avait été trop grande pour être durable. Elle ne pouvait donc que rendre grâces à Dieu pour le passé, et chercher à oublier sa douleur pour ne laisser parler que sa reconnaissance. Quand les heures d'angoisse et d'amertume prenaient le dessus, elle demandait à Dieu que ces moments portassent des fruits en vie éternelle. Parfois, sans doute, le désir d'aller où était son cœur devenait si violent qu'elle était tentée de demander au Seigneur sa délivrance; mais l'esprit de paix et de résignation au devoir agissait bientôt en elle et faisait taire son impatience.

Nous assistons encore à ces luttes intérieures, que les consolations humaines sont impuissantes à apaiser, en lisant une lettre qu'elle m'adressa deux mois après la mort du duc. Je n'en transcris que quelques passages.

Château d'Eu, 12 septembre 1842.

« Au milieu des ténèbres qui m'environnent, cher professeur, votre lettre a dévoilé un moment à mes regards l'éternel royaume de vérité; et mon âme froissée en a été à l'instant relevée et fortifiée. C'était là sûrement votre désir; il est rempli. Maintenant je vais à mon tour vous exprimer le vœu de mon cœur: quand vous pensez à moi, à mon immense malheur, aux sérieuses et rudes épreuves que le Seigneur me dispense, ne m'adressez pas de telles paroles de consolation, mais des paroles de vérité qui, avec le temps, me donneront les consolations du ciel. — Ecrivez-moi toujours ce que la Parole de Dieu vous révèle sur l'éternité. La foi a sûrement le privilége d'entrevoir à l'avance la patrie des bienheureux; mais la mienne est encore trop ébranlée pour pouvoir y jeter un regard assuré. La souffrance d'un cœur brisé, d'une vie brisée, la douleur où me plonge la pensée de mes enfants, de ma patrie, de l'avenir, est encore trop vive ; sa voix parle trop haut pour que je puisse entendre la voix du Seigneur. Par moments il me semble bien ouïr une parole du royaume des morts ou plutôt du royaume des vivants ; une parole descendue de la croix dans mon cœur blessé ; mais elle est bientôt étouffée par les lamentations de la vie. Dans ces luttes de mon âme, j'ai cependant gardé l'inaltérable conviction que les plus mystérieuses et les plus douloureuses dispensations de Dieu sont toujours un effet de son amour ; lorsque je ne pouvais même plus prier, j'ai cependant appris à lui offrir, chaque jour et à chaque heure, le sacrifice de mon ineffable douleur, en lui disant : Seigneur ! je renonce à lui ; Tu l'as voulu, ainsi soit-il ! — Priez avec nous pour moi, priez pour mes pauvres enfants, demandez au Père des orphelins qu'il ait pitié d'eux.

Hélène. »

XVII

LE JOUR REPARAIT.

Ces mots nous rappellent un passage bien connu du Psalmiste : « La lumière est faite pour le juste, et la joie pour ceux qui sont droits de cœur » (Ps. XCVII, 11). La duchesse devait éprouver dans son âme la vérité de cette promesse du roi-prophète.

Insensiblement elle reprit une nouvelle vie dans son

amour pour ses enfants, anges de paix que Dieu lui avait laissés en lui ôtant celui qu'elle avait tant aimé. Elle retrouva toute son énergie et envisagea d'un regard toujours plus serein sa haute mission d'élever ses jeunes fils dans la crainte de Dieu et l'amour du prochain. On avait craint que cette longue épreuve n'altérât davantage sa santé; mais, contre toute attente, elle se trouvait plus forte qu'auparavant. Elle se montrait de nouveau plus enjouée dans ses rapports avec les siens; il y avait en elle un tel amour et un tel besoin de rendre les autres heureux qu'elle apprit bientôt à porter seule son deuil; elle essayait de sourire pour ne pas troubler la sérénité de ceux qui l'entouraient. Rien n'était plus touchant que la vue d'une affliction si résignée et d'une telle condescendance. Sa gaîté passagère ressemblait au rayon de soleil qui traverse un sombre nuage; le deuil intérieur reparaissait parfois, surtout à certaines dates qui lui rappelaient d'anciens souvenirs. C'est ce que nous pouvons remarquer dans les lettres suivantes, adressées à sa mère.

Elle écrivait le 2 juin 1843 :

« Le 29 (mai), sixième anniversaire du jour où nous arrivâmes à Fontainebleau, nos pensées se confondaient sans doute; et, le 30, vous lisiez sûrement avec émotion ce beau passage dans notre choix de textes sacrés: « Ce que je fais, tu ne le sais pas maintenant, mais tu l'apprendras plus tard. » J'ai été frappée du mystérieux espoir que renferme ce consolant passage. »

Dreux[1], 14 juillet 1843.

« Nous avons passé deux jours dans cet asile de paix et d'éternel repos, où je veux encore vous écrire avant mon départ, ma chère et bien-aimée mère. Ici où j'ai senti la paix et l'espérance entrer dans mon âme, sur la tombe de mon époux et au milieu des plus douloureux souvenirs, ici même je vous supplie de ne plus avoir d'inquiétude à mon égard quand vous me savez à Dreux, et de ne plus me répéter : « N'y allez plus. » Le Seigneur a fait reposer sa grâce et sa paix sur les prières que je lui ai adressées dans ce saint lieu de repos ; j'ai trouvé de telles consolations dans l'assurance d'une réunion éternelle, dans mes méditations sur la miséricorde et l'amour de mon Dieu, que je m'en vais relevée et fortifiée, moi qui étais venue ici morte et abattue. — C'est comme si j'avais respiré l'air pur de l'éternité ; comme si je m'étais agenouillée sur le seuil du paradis, d'où un rayon de lumière aurait pénétré dans mon cœur, d'où un accord de l'harmonie céleste aurait frappé mon oreille. Oui, oui, le Seigneur est avec nous sur la tombe de nos bien-aimés, quand nous le lui demandons avec confiance et du fond du cœur. Lui, l'ami et le médecin de l'âme, il nous reste fidèle et nous fait voir la terre où toute larme sera séchée, où il n'y aura plus ni deuil, ni cri. Chère mère, j'ai aussi prié avec ardeur pour vous dans

---

[1] On sait que les caveaux mortuaires de la famille d'Orléans se trouvent à Dreux.

cette journée d'hier 13 juillet, où je *sentais* vos prières, où je savais que vous étiez près de moi. Nous étions arrivés la veille pour passer ici le 13 dans le recueillement. Une grande et solennelle messe de requiem a été exécutée dans l'église nouvellement bâtie. Il y avait de l'élévation dans le chant des psaumes, du *dies iræ dies illa*, — mais ni solennité, ni sermon, ni parole humaine ne peut égaler ce que le Seigneur dit à l'âme dans le silence du tombeau; aucun langage ne pourrait exprimer le sentiment qu'il m'a fait éprouver. Froide, morte et languissante comme j'étais, je n'avais pas voulu m'approcher dernièrement de la table sacrée; aujourd'hui, je pars avec le désir pressant de recevoir après-demain la cène à Neuilly, et j'espère que cette communion avec mon Sauveur augmentera mon amour pour Lui et affermira ma foi et mes espérances.

« Je vous embrasse en pensée, ma chère et bien-aimée mère; maintenant que je vous ai dit si ouvertement ce qui s'est passé en moi, vous n'appréhenderez plus lorsque j'irai à mon cher tombeau. Votre

HÉLÈNE. »

Je ne relève qu'un passage d'une lettre de Noël 1843:

« J'ai communié hier dans l'église de la Rédemption, à la suite d'un service préparatoire très-édifiant, fait la veille par le pasteur Verny. Hier au soir il a prononcé un excellent discours sur la fidélité, et nous nous sommes encore longtemps entretenus ensemble de ce sujet. « Ah! si seulement le cœur était *ferme* et ne se rendait pas toujours coupable de tant de petites infidélités! » Il a particulièrement insisté sur la nécessité de tenir constamment son âme sous le regard du Seigneur. Quand vient une distraction, nous devons l'accueillir en priant : « Seigneur, reste près de moi. » Est-elle passée, il faut de nouveau se recueillir. En un mot, on doit *vivre* en présence du Seigneur, sous son regard, comme des enfants sous l'œil de leur mère. Cela m'est bien difficile, car mon défaut est de me perdre dans le vague et d'oublier alors la vie de chaque jour avec ses dangers de chaque heure. Dieu veuille m'aider à ouvrir mes yeux sur mon état et me donner la force de travailler sur moi-même! »

La duchesse continue, dans le cours de l'année 1844, à décrire à sa mère les expériences de son cœur à l'époque qui lui rappelle plus spécialement la mort de son époux. Nous nous bornons à extraire quelques passages.
Lettre du 2 juillet 1844.

« Je ne vous dis pas, chère mère, dans quelle disposition je suis depuis que le mois fatal a commencé. Il y a aujourd'hui deux ans que nous partions pour Plombières ; pendant tout le voyage il me comblait d'attentions et de témoignages de son affection. — Chaque heure, hélas! a son doux souvenir, et chaque heure me rapproche du jour terrible où j'ai tant perdu.

« Que les hommes jugent faux, quand ils pensent que le temps guérit les blessures ! La douleur n'est plus si *farouche*, mais elle n'en est pas moins intense; plus la plaie semble guérir à la surface, plus aussi la souffrance devient profonde. Dieu veuille seulement *sanctifier* mon affliction et empêcher que mon âme ne s'y consume ! Cette crainte est maintenant si habituelle en moi et si pénible; — il est affreux de sentir l'approche de la mort spirituelle. — Que Dieu m'en préserve ! »

Lettre du 14 juillet 1844.

« Bien que la moderne transformation du caveau mortuaire de Dreux m'eût d'abord un peu distraite, Dieu a encore cette fois exaucé mes prières et m'a accordé des heures très-bénies, dans lesquelles la certitude d'une réunion me consolait. Après avoir prié sur la tombe, je tirai pendant la nuit de mon petit recueil de versets le passage suivant, dont le contenu me rendit heureuse : « Je t'ai aimée de tout temps; c'est pourquoi j'ai prolongé envers toi ma gratuité. » (Jérémie XXXI, 3.) J'ai passé la terrible journée du 13 juillet à prier, à lire et à m'entretenir affectueusement avec Louise, qui me devient toujours plus chère et m'édifie par ses vues religieuses si élevées. Nous ne pûmes partir qu'à sept heures du soir et arrivâmes à deux heures après minuit. Ce matin, mon cher petit Paris m'est apparu comme un rayon de soleil. Il était si heureux de me revoir et me le faisait bien sentir. Il m'avait copié un beau verset et me l'avait envoyé. »

J'extrais encore des lettres de 1845 quelques passages dont le contenu prouve, comme les précédents, que la duchesse restait fidèle à la source de toute consolation.

Le 24 janvier 1845, jour anniversaire de sa naissance, elle écrivait à sa mère :

« En de tels jours, qui n'ont pas de plus haute signification que de nous faire jeter un regard sur le passé et d'élever nos cœurs à Dieu, on sent tout spécialement que le temps fuit avec rapidité, et qu'avec lui tant de choses ont traversé notre cœur. Oh ! si notre vie intérieure croissait aussi chaque année par la bénédiction du Seigneur, et s'avançait progressivement vers notre éternelle destination ! Quelle patience le Seigneur ne doit-il pas avoir envers nous, quand il observe nos progrès si lents, et souvent notre complète immobilité ! Combien nous sentons vivement que cette patience est un attribut de sa divinité, car nous ne serions pas capables de l'avoir.

« Depuis que je ne vous ai écrit, chère mère, la brillante vie parisienne a repris son cours. Les bals, les concerts, les représentations dramatiques se succèdent aux Tuileries. Quant à moi, je vis tranquille dans ma cellule, et quand j'entends la musique au-dessus de moi, chez Nemours, je sens qu'au milieu de ma douleur et de ma solitude Dieu m'a donné la bonne part, et que, séparée de celui que je pleure amèrement, je vis plus avec lui dans la communion de la prière et de l'esprit que si nous étions tous deux dans le tourbillon du monde. Ce sont d'heureux moments, dans lesquels j'éprouve la paix du ciel ; mais ils ne durent pas, et l'amertume de la vie vient toujours m'y arracher. »

Le jour de Pâques 1845, elle écrit :

« C'est aujourd'hui la belle fête de Pâques ; je souhaite qu'elle soit bénie pour vous, ma bien chère mère, et je jouis en pensée avec vous de la haute signification de cette journée. Que notre vie serait pourtant misérable sans l'espérance, sans la conviction que nous donne la fête de la résurrection, sans le sceau de la grande œuvre de la rédemption ! que nos larmes seraient amères, en pensant à ceux que nous avons perdus, si nous ne les voyions pas déjà dans tout l'éclat d'une nouvelle vie. »

Néanmoins quand elle pesait les souffrances de son long deuil avec les joies qui les avaient précédées, elle concluait toujours comme elle le fait dans ce passage d'une lettre à sa mère :

« Vous avez franchi aujourd'hui nos frontières [1] ; c'est une nouvelle barrière qui m'afflige. Que de fois, dans le trajet, vous aurez pensé à notre voyage de 1837 ! Que tout était différent, que tout était beau alors ! Toutefois mes espérances n'ont pas été déçues ; elles ont été de beaucoup dépassées par la réalité. Et bien qu'elles soient

[1] A son retour à Ludwigslust, le 10 mai 1843.

maintenant enfouies dans une tombe, je n'échangerais mon lot contre aucun autre. »

XVIII

PROGRÈS DE LA VIE EXTÉRIEURE.

L'admiration et l'affection pour la duchesse d'Orléans allaient presque jusqu'à l'enthousiasme. « Nous avons en elle un grand appui, » disait un Français, « car l'amour qu'elle inspire, relève la nation. Ce sentiment portera ses fruits dans ses enfants, et alors elle retrouvera le bonheur. »

Les jours et les mois se suivaient sans modifier son genre de vie. Elle écrivait encore aussi souvent qu'autrefois à sa mère, mais plus rarement à ses anciennes relations. Elle fuyait, disait-elle, les occasions de livrer la souffrance cachée au fond de son âme, à des personnes éloignées qui ne pouvaient avoir une parole d'encouragement ou de sympathie pour sa disposition du moment. Elle ne voulait pas entendre un écho de sa propre douleur, mais elle voulait être ranimée par les accents joyeux du cœur d'autrui.

Déjà en 1843, elle réussit à procurer au comte de Paris un précepteur qui répondait à tous les vœux et à toutes les exigences de son amour maternel.

« Entre des milliers d'hommes, écrivait-elle, je n'en

aurais trouvé aucun qui sût diriger mon petit Paris avec plus de sagesse et d'affection. Le petit marche, au reste, très-bien ; son cœur, son esprit, sa santé se développent d'une manière réjouissante. »

Je mets au nombre des souvenirs heureux de ma vieillesse le plaisir que j'ai eu de faire, quoique en passant, la connaissance personnelle de ce jeune précepteur, M. Régnier, qui resta fidèle à la duchesse dans les premières et pénibles années de son exil.

Dans la même lettre, adressée à sa mère, elle dit au sujet du duc de Chartres :

« Quoique pâle et maigre, Robert n'est plus malade ; mais il est plein de vivacités et de malices. »

Elle avait donné à son plus jeune fils une gouvernante allemande, afin qu'il apprît d'abord la langue de sa mère ; elle faisait fréquemment venir pour lui de petits livres allemands écrits pour l'enfance, entre autres par Pocci.

Elle eut aussi la consolation d'avoir auprès d'elle, pendant une partie de l'été de 1843, Mme de Bontems, dont l'affection, la sagesse et l'expérience ne manquaient jamais d'exercer une influence bénie sur son ancienne élève. Jusqu'au milieu de l'automne, la duchesse séjourna avec la famille royale soit à Neuilly, soit au château d'Eu, situé près de la mer, dont le voisinage la fortifia ; puis elle passa encore le mois de novembre à Saint-Cloud.

Les personnes qui l'entouraient habituellement et même ses amis à l'étranger purent bientôt remarquer que sa sympathie pour tout ce qui les concernait était de nouveau aussi vive, ou même plus vive qu'auparavant. Elle avait appris à l'école de ses propres souffrances à appliquer sur les blessures du cœur le vrai baume, que connaissent rarement ceux qui ont constamment vécu dans la prospérité. Elle dirigeait la réflexion sur les voies miséricordieuses du Seigneur, qui fait intervenir le bien dans chaque épreuve, dans chaque affliction.

« Mais, écrivait-elle, notre œil est souvent trop voilé pour le reconnaître; notre cœur, trop froid pour le sentir. Oui, c'est en nous qu'est toujours la principale cause de nos souffrances. Si nous étions, comme il le faudrait, en vraie communion avec notre Dieu, tout se présenterait autrement à nos regards, et la source la plus amère aurait sa douceur. Il nous faut donc prier que le Seigneur attire à lui notre cœur, qu'Il nous éclaire et nous fasse vivement sentir le prix de sa grâce, car la vie prend alors à nos yeux une nouvelle valeur et chaque chose nous apparaît dans son vrai jour. »

La lettre suivante, qu'elle m'adressa au mois de mars de l'année suivante, témoigne une fois de plus avec quelle reconnaissance elle accueillait la moindre preuve de respect et d'affection, lors même qu'elle lui était offerte par le plus humble de ses anciens amis.

Tuileries, 16 mars 1844.

« Si je voulais vous dire à quel point votre dernier envoi m'a réjouie, cher professeur (car je ne puis échanger contre un autre ce titre qui m'est cher depuis trente ans), je devrais vous faire voir le joyeux regard de mon enfant, quand il écoute les récits que je lui fais sur Moffat[1]. Votre opuscule m'a procuré un aliment spirituel quotidien ; et, le soir, j'ai suivi avec mes deux enfants ce fidèle serviteur de Christ dans ses héroïques pèlerinages. Agréez mes plus vifs remercîments pour tout ce que contient ce petit volume et pour votre aimable lettre, qui m'a profondément touchée.

« Je me suis beaucoup entretenue de vous avec M. de B., qui vous porte cette lettre. Je saisis avec joie toute occasion qui s'offre à moi de raviver ce souvenir chez d'autres ; en ce qui me concerne, je n'ai pas besoin qu'on me le rappelle, car je pense bien souvent au fidèle et cher précepteur de mon enfance, et je désire entendre encore une fois sa voix dans ce monde, si Dieu le veut.

HÉLÈNE. »

Vers l'époque où elle écrivait cette lettre, la duchesse avait le plaisir de faire la connaissance personnelle d'un habitant du Steinthal, Daniel Legrand, qu'elle aimait et

---

[1] Il est question ici de la vie de Moffat (beau-père de Liwingston), missionnaire au sud de l'Afrique.

estimait depuis plusieurs années. Il lui avait plusieurs fois envoyé de bons livres aux fêtes de Noël ; mais surtout, à l'époque la plus douloureuse de sa vie, elle avait reçu de lui une lettre empreinte d'une sympathie chrétienne dont elle avait été profondément émue. On voit par ses lettres qu'elle reconnaissait en lui un homme réunissant une foi d'enfant et une piété touchante, un véritable Israélite spirituel, dans lequel il n'y avait point de fraude ; elle l'appelle un fidèle serviteur de Dieu, de la bonne école d'Oberlin.

A cette époque, elle recherchait de préférence la société de personnes animées et pénétrées de cet esprit de Christ, qui renouvelle toutes choses en nous, et qui est le principe de toute vérité. Aussi eut-elle un grand plaisir à faire la connaissance de Madame de Staël, qui séjourna à Paris pendant l'hiver de 1844, avec le cadet des fils du duc de Broglie.

« Elle vient quelquefois me voir, écrit la duchesse, et me fait toujours du bien par sa présence. Elle impose par une sainte dignité ou plutôt par le reflet de la présence de Dieu qui, de son âme, rayonne sur toute sa personne, au point qu'on est obligé près d'elle de n'avoir que de bonnes pensées. Elle est profondément vraie, et personne n'a jamais fait sur moi cette impression au même degré ; tout ce qu'elle dit, tout ce qu'elle sent m'apparaît comme épuré par la vérité. Elle est veuve depuis 17 ans ; cette longue, longue période d'épreuve l'a purifiée et affermie. Elle n'a pas seulement été privée de son bonheur, mais en perdant un fils unique en bas âge, elle n'a même plus eu en perspective cette mission de l'amour maternel, qui suffit à remplir la vie et qui m'est restée. Depuis ce jour-là, elle ne peut plus verser de larmes. Elle a passé plusieurs années dans l'isolement, et il lui semblait naturel de s'arracher à tout, afin de vivre pour *lui* seul. Elle pensait avoir atteint par là le but de sa vie. Mais sa belle-sœur, la duchesse de Broglie, vint à mourir, et son beau-frère lui remit son enfant, âgé de cinq ans, pour qu'elle l'élevât. *Pourquoi cela?* demandait-elle au Seigneur ; dois-je encore former ce nouveau lien ? Cette question n'est pas encore résolue dans son cœur, mais elle a entouré l'enfant des soins maternels les plus affectueux, puis elle est venue à Paris le rendre à son père. Encore un déchirement. Toutefois le duc de Broglie souhaite qu'elle continue à l'avoir sous sa direction. Ils habitent deux maisons différentes, et l'enfant se partage entre son père et sa tante. »

Voici ce que Madame la duchesse écrit encore le 15 février 1844 :

« Combien j'ai pensé hier à vous, pendant que j'étais engagée avec l'excellente Madame de Staël dans un entretien animé où sa foi, sa confiance en Dieu parlait à mon cœur et le réchauffait. C'est une nature vraiment rare, sur laquelle la souffrance et surtout la grâce ont puissamment agi. On sent qu'elle a eu de grandes luttes, que son cœur a beaucoup aimé et souffert ; on sent qu'elle a remporté la victoire et conquis la paix de l'âme; et ce qui m'attire le plus vers elle, c'est l'impression de vérité, d'une vérité du meilleur aloi qui se fait jour dans tout son être. Une telle plénitude de vie intérieure ne pourrait s'associer à plus de simplicité, de calme, d'absence de prétention. Qu'elle aurait d'attrait pour vous ! »

Quand la duchesse trouvait de telles âmes, elle ne s'inquiétait pas de la différence de culte, pourvu que leur foi se manifestât dans l'amour du Sauveur et de ses rachetés. A l'époque de l'inauguration de la nouvelle église luthérienne en juin 1843, elle n'approuva pas toutes les idées qu'un prédicateur haut placé dans son estime exprima sur la divergence des églises romaine et luthérienne ; mais elle fut profondément édifiée de l'esprit doux et conciliant que respirait l'excellente prière faite à la fin du service par le second pasteur de cette église, M. Vallette.

La part d'attention qu'elle accordait aux événements de ce monde était petite auprès de la sympathie qu'éveillaient toujours en elle les faits d'un ordre supérieur. Aussi prit-elle un vif intérêt à la vocation de Mlle Marianne de Rantzau, son amie de jeunesse, qui devint directrice de la nouvelle institution de diaconesses de Berlin. Avant d'entrer en fonctions, cette dame visita les plus célèbres hôpitaux d'Allemagne, d'Angleterre et de France, et elle eut à cette occasion le bonheur de revoir la duchesse, qui écrivait peu après :

« Sa visite m'a fait un très-grand plaisir, et sa sérieuse et sainte résolution m'a autant touchée qu'édifiée. Que Dieu bénisse cette résolution et lui allége le fardeau de cette grande administration! Elle aura à lutter contre beaucoup de difficultés qu'elle pressent elle-même et qui m'inquiètent souvent pour elle ; mais le Seigneur, qui lui a fait prendre cette décision et lui a donné la ferme conviction qu'elle suivait en cela sa volonté, restera à ses côtés pour lui aider à supporter et à apprendre. »

Près de six ans plus tard, elle jugeait sa noble amie de la manière suivante : « Elle est indépendante à tous égards des odieux préjugés de partis, tant religieux que politiques; elle est aimée de tous ! il y a dans tout son être une clarté de vues, une fermeté, un empire sur soi-même qu'il faut admirer ; mais l'on sent aussi avec bonheur que son cœur est resté aimant et dévoué à ses anciennes affections. »

Mlle de Rantzau ne put consacrer que peu d'années à cette belle vocation ; elle fut une des nombreuses amies de la duchesse qui la devancèrent dans l'éternité.

Une lettre que Madame la duchesse Hélène m'écrivit le 29 juin 1846 et dont je vais citer quelques passages, me procura aussi l'avantage de faire la connaissance personnelle de Mlle de Rantzau. Je ne fais pas une mention spéciale des lettres que je reçus l'année précédente; elles avaient pour but principal de procurer au duc de

Chartres un jeune valet de chambre allemand, par mon entremise et par celle d'une amie de la duchesse, qui séjournait alors à Munich. La lettre du 29 juin annonce l'arrivée de notre protégé :

« Il est arrivé hier, vendredi, dans la matinée et a commencé aujourd'hui son service. Il me semble avoir bon caractère et bonne volonté, mais il faut le voir à l'œuvre pour le juger. Recevez encore une fois l'expression de ma sincère reconnaissance pour votre coopération dans une circonstance qui aurait pu vous sembler insignifiante, si vous n'aviez, comme moi, la conviction que rien n'est sans importance dans l'entourage d'un enfant, et que tout ce qui l'approche doit agir sur lui. Nous aurons sous peu la visite de notre prince royal. Après un si long temps, après 12 ans ! je me réjouis fort de le revoir, et j'entends dire tant de bien de lui que son arrivée me fait un double plaisir. J'aurais sans doute souhaité que sa compagne, ma chère Marie, vînt à Paris avec lui; mais on ne pouvait compter sur ce voyage au milieu de l'affliction qui l'absorbe[1] ! Quelle perte que la mort de ma chère tante! La Prusse entière l'a douloureusement sentie.

« J'ai promis de vous parler d'une de mes amies de

[1] Il est ici question de la mort de la princesse Wilhelm de Prusse, sœur de Madame la grande-duchesse Auguste de Mecklenbourg.

jeunesse et de la recommander à votre bienveillance, à vos conseils paternels et à vos directions. Il s'agit de Mlle de Rantzau, nièce de l'excellent M. de Rantzau, que vous avez connu à Mecklenbourg. C'est une dame d'une grande piété, qui aime le Seigneur et s'est entièrement vouée à son service. Sa position indépendante lui a suggéré la pensée de se consacrer au soin et à la direction de l'enfance dans l'établissement des diaconesses du pasteur Fliedner, près du Rhin. Elle occupait depuis plusieurs mois ces sérieuses et difficiles fonctions, lorsqu'elle fut appelée au poste de directrice de la nouvelle maison de diaconesses de Berlin, que le roi de Prusse veut fonder. Elle ne l'a pas accepté sans de grandes luttes, mais elle croit y voir l'appel du Seigneur et s'est déclarée prête à s'en charger. Dans l'intérêt de l'œuvre, le roi de Prusse a désiré qu'elle visitât, dans plusieurs pays et entre autres à Munich, les principaux établissements où fonctionnent des sœurs de charité. Elle voudrait que vous la prissiez sous votre protection. Je sais que je vous demande une chose qui vous sera agréable, car vous ne refusez jamais, et à un enfant de Dieu moins qu'à personne, votre assistance et vos bons conseils. J'insère ici quelques lignes à l'adresse de Mlle de Rantzau, en vous priant de les lui remettre en main propre, et je recommande encore une fois mon amie à votre affectueux intérêt.

« Recevez, cher professeur, etc.

HÉLÈNE. »

Ainsi se déployait sans relâche la noble activité de la duchesse ; elle ne se trouvait heureuse et en paix que lorsque le Seigneur offrait à son cœur aimant un dévouement nouveau. Mais le premier besoin de son cœur et le premier devoir de sa vie restaient toujours d'élever ses enfants pour la gloire de Dieu et dans le dévouement au prochain, et particulièrement à leur patrie. Par la fidélité, l'amour, la conscience et la sagesse qui ont constamment marqué l'accomplissement de ses devoirs maternels, Madame la duchesse d'Orléans peut être en exemple à toutes les mères [1]. Nous allons reproduire quelques fragments de lettres adressées à la grande-duchesse ; ce sont des traits du premier développement de ses deux fils, qui nous donneront l'idée du soin qu'elle mettait à remplir dès le début la grande tâche de leur éducation. A l'époque où commencent ces fragments, le comte de Paris a près de six ans ; le duc de Chartres est dans sa troisième année.

M. Régnier, dont il a déjà été question, entre en

---

[1] Dès sa première enfance, la duchesse prouvait qu'elle avait reçu de la nature le don d'enseignement. Pendant que sa femme de chambre la déshabillait, elle lui racontait ce qu'elle avait appris d'intéressant dans la journée. Le lendemain matin, en s'habillant, elle lui faisait répéter la leçon de la veille, et n'avait de repos que lorsque noms, histoires, tout était bien gravé dans la mémoire de son élève. Cette sollicitude épargnait à l'esprit et à l'oreille de la jeune princesse les anecdotes du jour.

fonctions le 1ᵉʳ juin 1843. La duchesse écrit le 10 juin à sa mère :

« Les rapports entre M. R. et le petit sont excellents. Vous seriez réjouie de voir avec quelle douceur et pourtant avec quelle fermeté il sait prendre l'enfant. Paris le chérit et n'ose lui désobéir comme à moi et à Mᵐᵉ H. J'attends vraiment d'excellents résultats de ces nouveaux rapports. Quant à Robert, il est très-malheureux d'être séparé de son frère. Il le demande à tout moment, car il ne le voit que peu et il l'aime fort. Il a plus que Paris le besoin d'être avec d'autres enfants ; il s'ennuie, quand il joue seul. Paris se suffit à lui-même, mais il est pourtant heureux de pouvoir jouer deux heures par jour avec Robert. »

18 juin.

« Chaque matin, Paris lit avec M. R. le Robinson, qui prête à beaucoup d'entretiens instructifs. Je lui donne auparavant une petite leçon d'histoire sacrée, qui commence par une prière. Je ne puis dire qu'il soit toujours très-attentif, mais il aime cependant beaucoup ces récits. »

15 octobre 1843.

« Je vais maintenant aussi de temps en temps à Versailles avec Paris, pour lui montrer les tableaux historiques et graver ainsi de bonne heure dans sa mémoire l'histoire de la patrie. Cela lui plaît fort ; il s'intéresse à tout et ne voit rien superficiellement. »

Lendemain de Noël, 1843.

« J'aurai demain un mauvais jour : c'est l'ouverture des chambres. J'ai demandé au roi la permission de conduire Paris dans la tribune de la reine. En le faisant, je savais quelle tâche je prenais sur moi ; mais il est bon, je crois, qu'on voie le petit, sans que sa timidité soit mise en jeu, et sans qu'il se mette en *frais*, ce qu'on ne peut guère attendre d'un enfant de cinq ans. J'irai donc et je serai assise en face du trône, qui *me* paraîtra toujours vide. »

1er janvier 1844.

« Nous avons, comme autrefois, terminé l'année chez le roi, sous le sapin illuminé. Les enfants ont eu une grande joie de leurs cadeaux ; Paris surtout, à la vue d'un petit cabinet de physique et d'autres objets de son goût. Je le renvoyai bientôt après, parce qu'il était tard ; arrivé dans sa chambre, il prit tranquillement un livre, s'assit et se mit à lire sans aucune apparence de distraction ni de surexcitation. Ses joujoux arrivèrent ; il n'y jeta pas un coup d'œil et dit qu'il voulait d'abord terminer son histoire. Cela m'a plu ; c'est une bonne disposition. »

6 mars 1844.

« Mes enfants sont bien et se développent très-heureusement. Paris est toujours fort appliqué ; mais comme il est très-nerveux et sujet aux maux de tête, ses études ne sont pas encore bien sérieuses. Robert n'apprend rien maintenant ; car, depuis sa maladie de St-Cloud, nous avons interrompu toute étude et je ne permets pas encore de recommencer. Il m'aime fort et d'une façon vraiment touchante ; je crois que, malgré son affection pour sa nourrice, il me préfère pourtant à tout le monde; il veut toujours être à mon côté. Paris a la passion du dessin ; il écrit aussi beaucoup de rébus, ce qui l'intéresse au point de vouloir décomposer chaque mot pour en faire un rébus. La géographie, le calcul, l'histoire, les contes, tout captive également son attention. »

D'une date un peu postérieure.

« Paris me raconte à table ses histoires avec une joie et un zèle toujours nouveaux. Cyrus, Alexandre, etc., jouent un grand rôle dans ses récits ; Robert devient toujours plus éveillé, plus comique et plus original. La passion du dessin a un peu passé chez Paris, depuis que nous jouons des pièces anglaises, allemandes et françaises sur un petit théâtre que son père lui avait donné et que nous avons découvert. Robert apprend maintenant aussi l'anglais, car il se plaignait fort de ne rien comprendre à la pièce anglaise. Son allemand ne va pas mal. »

14 avril 1844.

« Dieu soit loué ! les enfants vont bien, seulement Robert ne grandit guère ; il est pâle, délicat, mais avec cela toujours éveillé. M. Régnier et Paris s'entendent de mieux en mieux. Ils ont l'un pour l'autre une grande affection, et je dois convenir que R. exerce une très-salutaire influence sur le petit. »

24 juin 1844.

« Je mesure le temps sur le développement des enfants ; ils grandissent, Paris surtout. C'est vraiment un aimable garçon, grand, rosé, dégagé, et surtout très-studieux et brave ; il a un bon cœur, de la franchise et avant tout un zèle très-soutenu. Il a été deux fois avec moi à l'exposition ; vous pouvez penser quelle résolution pour moi. Je ne l'aurais jamais fait, si l'on n'avait pas tant parlé de la *renfermerie* dans laquelle on retient le petit. Il a eu un énorme succès ; les gens l'étouffaient presque de joie ; et, quant à lui, il n'a été ni sot ni timide, mais naturel et à son affaire, c'est-à-dire, plein d'intérêt pour ses chères machines, qui sont toujours sa passion. Par bonheur, la louange et l'admiration ne le disposent pas du tout à la vanité ; il n'y prend pas garde. Le petit Robert, qui examinait plus les gens que les machines, était en revanche très-heureux que les gens le regardassent aussi. Il n'a que saillies, bonne humeur et vivacités ; parfois je ne sais comment faire cesser ses petites impertinences ; il est trop amusant ; mais, malgré son bon cœur qui prévient en sa faveur, il faut pourtant être sévère avec lui. »

5 juillet 1844.

« Paris et Robert ont ensemble leurs petits entretiens, dans lesquels le caractère de chacun se produit au grand jour ; l'un plein de raison et de profondeur ; l'autre, d'intelligence et de vivacité. »

2 janvier 1845.

« Que direz-vous, chère mère, en apprenant que j'ai assisté de nouveau à une partie des réceptions d'hier ? Le roi souhaitait que Paris fût présent. Le petit a fait bonne contenance ; il était tranquille, gentil, naturel et éveillait la sympathie. En somme, il m'a fait grand plaisir ce jour-là ; le matin, il m'a apporté une lettre qu'il avait composée et écrite tout seul ; il était avec cela cordial, heureux et me prouvait clairement son affection. Ce pauvre enfant a dû écrire beaucoup de lettres pour le jour de l'an ; mais, la vôtre et la mienne, sans l'aide de qui que ce soit. Il les a écrites *en amour.* »

13 janvier 1845.

« La différence des deux caractères, très-heureuse pour leurs rapports mutuels, ajoute à la difficulté de leur éducation, car il faut les prendre et les diriger différemment, sans paraître injuste. Si je punis l'un et que je me borne à donner d'un ton enjoué une leçon à l'autre, cela leur paraît peu équitable; et cependant on ne peut souvent arriver au même but que par des chemins différents. Dieu y pourvoira sûrement. »

Tuileries, 24 janvier 1845.

« Mes enfants sont bien portants et me réjouissent par leurs progrès. Paris devient beaucoup plus ouvert envers moi; ce qu'il possédait précédemment au fond de l'âme sans pouvoir l'exprimer, se fait jour maintenant dans tout son être.

« En revenant dernièrement de l'ouverture des chambres, il voulait dicter à M. R. le discours du roi, qu'il avait écouté avec une grande attention. Il acquiert une grande facilité d'analyse, qui lui sera très-utile.

« Vous auriez dû voir la joie de mes enfants, leur bonheur de *donner*. Ils avaient longtemps travaillé à leurs surprises. Paris m'a imprimé une géographie du Mecklenbourg [1] avec une carte dessinée de sa main; un exemplaire vous est destiné et partira prochainement. Robert a appris à lire en allemand, il a récité quelque chose en anglais et fait un beau travail. On était heureux de voir leur ravissement, qui a duré tout le jour. Nous étions réunis à Neuilly. »

[1] Au moyen d'une petite imprimerie, cadeau de son grand-père.

8 juin 1845.

« Je conduirai demain mon petit Paris à un concert exécuté par mille jeunes choristes de toutes les écoles de la ville, qui chantent très-juste et sans instruments. C'est une école du dimanche, qui se réunit dans le cirque des Champs-Elysées. On m'a priée d'y conduire Paris, afin d'encourager par sa présence les efforts de ses petits contemporains de condition peu aisée. »

Jour de Pâques, 1845.

« Robert est allé aujourd'hui à la messe pour la première fois. Il était seul avec son frère et le roi. Celui-ci était très-content de sa gentillesse, et le petit, très-satisfait de lui-même. Le sentiment de la sainteté du temple s'éveillera peu à peu ; le Seigneur fera grandir toujours davantage ce sentiment dans l'âme des enfants; nous devons seulement prier très-fidèlement pour eux. »

Ces fragments nous donnent un aperçu suffisant des préoccupations maternelles d'une princesse qui avait été élevée elle-même en vue des luttes de la vie et de la paix de l'éternité. Pour terminer ce sujet, j'insère encore une lettre qui m'était adressée.

Tuileries, 3 janvier 1846.

« Une voix qui est l'écho de la patrie, l'écho de l'enfance, émeut profondément le cœur. Mais quand cette voix est celle d'un ancien maître et ami, dont les accents, toujours harmonieux, ne résonnent jamais dans le vide, alors l'émotion devient joyeuse et répond à l'attente de celui qui l'a provoquée.

« Si vous saviez à quel point chaque mot venant de vous m'est cher, vous sentiriez toute la profondeur de ma reconnaissance.

« Aujourd'hui, elle est plus vive encore, car le cœur d'une mère est plus touché des bontés qu'on témoigne à ses enfants que de celles dont elle est l'objet ; or j'ai à vous exprimer en ce moment la joie de mon fils, dont le visage était rayonnant lorsque je lui remis votre beau présent, et qu'il put y lire couramment des choses intéressantes et instructives. Il aime, autant qu'un enfant de sept ans peut l'aimer, la science et tout ce qui est sérieux et approfondi. Il aime à voir un *savant ;* aussi a-t-il votre nom en grande vénération, non-seulement pour ce motif, mais pour tout ce que sa mère lui a raconté du fidèle précepteur de son enfance. Le livre que vous lui avez envoyé, lui deviendra de plus en plus cher, à mesure que sa jeune intelligence en comprendra la profondeur ; vos enseignements, qui remontent toujours au Créateur, à la source première de tout ce que nous trouvons beau et merveilleux, entretiendront dans son cœur cette fraîcheur, cette candeur que la science morte et sèche détruit souvent.

« Son précepteur m'aide fidèlement à le garder dans cette voie, car il réunit à un degré supérieur l'esprit, le cœur et le caractère.

« L'agitation qui se manifeste en Allemagne est sans doute sérieuse, et m'occupe aussi beaucoup. Dieu veuille que le véritable esprit allemand sorte victorieux de tous ces démêlés, et que cette nation entre en possession des libertés indispensables au progrès de l'esprit humain et de la vérité. Puisse tout ce malaise se terminer pacifiquement !

« Mes cordiales salutations à Mme de Schubert et à votre chère Selma.

HÉLÈNE. »

Madame la grande-duchesse héréditaire Auguste écrit en 1847 après son retour de Paris :

« La main de Dieu guide Hélène et ses enfants ; de quoi aurais-je peur ! Il m'a été accordé de passer quelque temps auprès d'elle ; j'ai de plus en plus reconnu avec admiration qu'elle est à la hauteur de sa mission si difficile, et j'ai senti combien j'étais petite auprès d'elle. »

Toute la conduite de la duchesse pendant le cours de l'année suivante (1848), a bien justifié l'inébranlable confiance de la princesse Auguste dans les hautes facultés de sa fille. Après avoir encore une fois rempli le devoir de protéger les droits de ses enfants, et lutté en faveur du maintien de l'ordre et du bonheur de sa chère patrie adoptive, Madame la duchesse d'Orléans a traversé tous les périls de cette année avec une conscience pure et un courage inébranlable. Elle avait sans doute, depuis longtemps, le sentiment du peu de solidité d'un trône qui ne pouvait guère être affermi par la tentative de concilier des partis hostiles et hétérogènes.

Parvenu au terme d'une importante période de la vie de la duchesse d'Orléans, je consignerai encore ici le jugement que portait alors sur elle un des meilleurs journaux d'Allemagne.

« Quelles que soient les vues de la Providence sur le moment où le roi sera appelé à résigner la tâche de sa vie, tout se réunit pour préparer dignement le comte de Paris à sa future et si importante mission. Le prince reçoit une éducation à tous égards distinguée, sous la haute surveillance du roi lui-même et de Madame la duchesse d'Orléans. On est ému de voir avec quelle infatigable sollicitude et quel admirable amour maternel la duchesse veille sur ses enfants; elle est, à cet égard, le modèle des femmes et des mères, et a conquis l'estime de toute la nation. Une princesse a rarement joui en France d'une pareille popularité dans toutes les classes du peuple et sans distinction de partis ; partout où elle se montre, elle en reçoit le témoignage. Sa bienfaisance, à laquelle aucun malheureux ne fait appel en vain, n'a pas moins contribué que sa piété à lui gagner tous les cœurs. On peut voir deux fois par semaine une simple voiture sortir sans escorte des Tuileries et prendre la direction du temple protestant. C'est Madame la duchesse d'Orléans qui va assister au culte de son Eglise. »

XIX

LA RÉVOLUTION DE FÉVRIER ET SES SUITES.

On était en 1848. Pour la première fois depuis la mort de son époux, la duchesse écrivait que « son jour de naissance avait été pour elle une fête que les plus tendres témoignages d'affection de ses enfants lui avaient rendue chère. » Le 5 février, trois semaines à peine avant l'événement que le monde appela un grand malheur pour elle et ses fils, elle parlait encore dans une lettre de son bonheur intérieur et de son attachement à cette belle France, sa patrie, où elle comptait recevoir prochainement la visite de l'amie à qui elle s'adressait alors.

Ces épanchements à l'approche d'un malheur sont des manifestations en quelque sorte prophétiques des joies éternelles qui sont en germe dans les afflictions passagères du monde. Au témoignage du Livre de la révélation, l'armée céleste fait déjà entendre des chants de triomphe, quand la ruine et la détresse s'amoncellent comme l'orage et se déchargent sur les puissances de la terre.

Dans ses lettres à quelques amis influents et à ses parents d'Allemagne, Madame la duchesse d'Orléans avait à bon droit démenti le bruit, répandu par plusieurs feuilles publiques, que ses rapports avec la famille royale étaient altérés depuis la mort du duc ; elle n'avait cessé, disait-elle dans sa langue maternelle, d'être « comme portée sur les mains de l'amour. » Si la situation de la duchesse était restée la même dans le cercle de famille, Louis-Philippe avait néanmoins perdu par la mort de son fils un garant de l'avenir, un conseiller qui, secondé par la duchesse, ouvrait les yeux de son royal père sur les suites d'une persistance inopportune, et modérait des démarches inspirées par une prudence spontanée ou une influence étrangère. Il ne peut être question de décrire ici les funestes événements de la révolution de février ; cette tâche est du ressort de l'histoire politique. Il est même très-difficile de se faire une idée exacte des faits, d'après les récits qui en ont été publiés ; car aucun témoin ne pouvait en embrasser l'ensemble, et chacun juge différemment, selon son point de vue. Cependant les témoignages les plus divergents sont tous d'accord, quand il s'agit de rendre hommage à la présence d'esprit et au courage dont la duchesse d'Orléans fit preuve dans ces graves circonstances. Le récit de sa conduite pendant les journées de février est un élément essentiel de sa biographie.

Le matin du 24 février, toute la famille royale était réunie dans un salon des Tuileries ; aucun de ses membres n'avait pensé à prendre du repos. Le roi, debout, immobile, silencieux, reçut les ministres et se rendit avec eux dans l'appartement voisin, où il signa l'acte d'abdication ; après quoi, il quitta les Tuileries avec toute sa famille, à l'exception de la duchesse d'Orléans, de ses enfants et du duc de Nemours. Le comte de Paris, qu'il désignait pour son successeur, s'était écrié avec vivacité : « Je ne veux pas, je ne veux pas, » et s'était cramponné à son fidèle précepteur, M. Régnier. La régence de la duchesse d'Orléans semblait le seul moyen de sauver le trône ; mais il était trop tard pour user de ce palliatif ; ce qu'on prenait pour une émeute, était déjà une révolution.

Madame la duchesse d'Orléans, accompagnée de l'aîné de ses fils, se rendit dans la salle du trône avec l'espoir que le comte de Paris y serait reconnu roi. Après avoir inutilement attendu, elle prit la résolution d'aller à la chambre des députés, en compagnie de M. Dupin, le futur défenseur des domaines de la famille d'Orléans. Il était temps, car les émeutiers pénétraient déjà en foule dans le pavillon de l'Horloge, avec l'intention de piller le palais. La femme de chambre de la duchesse, qui l'avait suivie en France, attendait les ordres de sa maîtresse avec une ou deux dames et M. Verny, pasteur luthérien, lorsque les pillards arrivèrent jusqu'à elle. Comme elle ouvrait un tiroir pour en sortir quelques objets de toilette, un homme à manches retroussées, le pistolet entre les dents, mit la main dans la commode et saisit un paquet de mouchoirs de batiste, qu'il cacha dans sa blouse. Ces quelques personnes de la suite traversèrent au péril de leur vie les rangs d'une foule excitée, et allèrent attendre chez le pasteur Verny les ordres de la duchesse. Celle-ci, conduisant ses fils par la main, se frayait un chemin au travers du peuple, qui la saluait par des acclamations ; cet accueil lui semblait d'un bon augure pour le succès de sa démarche. L'expression de douleur qui s'était peinte sur son visage au départ du roi, avait fait place à une résignation calme et à un courage inébranlable ; M. Verny, qui en avait été le témoin sympathique, a gardé jusqu'à sa mort le souvenir de cette noble attitude.

La duchesse entra dans la chambre des députés, où régnait la plus bruyante agitation. Plusieurs orateurs cherchaient à faire valoir les droits du comte de Paris, lorsqu'une cohue d'hommes vêtus de blouses pénétrèrent en armes dans la salle. Le désordre fut à son comble ; des orateurs parlaient au milieu du tumulte en faveur de la république rouge ; des coups de feu se faisaient entendre, et le président, M. Sauzet, fut menacé de mort et dut quitter le fauteuil. L'avocat Crémieux avait écrit quelques mots sur un feuillet de papier, qu'un garde national avait présenté à la duchesse après l'avoir fixé au bout de sa baïonnette, mais elle le déchira et en jeta les morceaux sur le parquet[1]. Elle essaya plusieurs fois de parler, mais le tumulte couvrait sa voix. Alors elle se laissa diriger hors de la salle par quelques dé-

---

[1] Ce papier contenait des directions sur ce qu'elle devait dire au peuple ; mais elle ne voulait suivre que ses propres inspirations.

putés de la gauche, qui seuls pouvaient encore, et non sans danger, protéger sa retraite. Le duc de Nemours était resté auprès de sa belle-sœur, pendant que sa famille fuyait avec le roi ; il ne put s'échapper et rejoindre les siens qu'en empruntant le costume d'un garde national. Un des camarades de ce dernier, dévoué à la famille d'Orléans, prit dans ses bras le comte de Paris ; un troisième se chargea du petit duc de Chartres ; et ainsi on se fit jour avec d'incroyables efforts au travers d'une foule compacte et déchaînée. Pendant un moment Madame la duchesse d'Orléans se vit séparée de ses enfants qui l'appelaient avec angoisse, mais bientôt elle les revit dans les bras de leurs protecteurs. Ce moment d'anxiété fut terrible, et l'effroi de la duchesse ne fut pas moins grand, lorsqu'elle vit un homme porter une main ensanglantée au visage du comte de Paris. Des meurtriers stipendiés guettaient, dit-on, la sortie de la princesse à l'une des issues de la chambre ; mais, guidée par une invisible main, elle avait pris une autre direction. Le garde national remit le comte de Paris au valet de chambre qui, mêlé à la foule, s'inquiétait vivement d'une si longue attente.

On conduisit alors la princesse et ses enfants à l'Hôtel des Invalides, où ils passèrent quelques heures. Le petit duc de Chartres, alors malade, resta caché avec son précepteur dans une mansarde du concierge, jusqu'à ce qu'il pût être transporté chez Mme de Mornay, fille du maréchal Soult et épouse de l'ami dévoué du feu duc d'Orléans. M. de Mornay dirigeait à cette époque les démarches de la duchesse. Au milieu d'un entretien qu'il avait avec elle, le comte de Paris doit s'être écrié : « Maman, maman, ne quittons pas Paris. » La duchesse hésita un moment, croyant entendre de la bouche de son enfant une inspiration du ciel, mais ses amis la contraignirent presque de songer à sa sûreté.

De l'Hôtel des Invalides, elle s'était rendue chez Madame de Montesquieu, sa première dame d'honneur, qui la fit conduire, avec le comte de Paris et sous l'escorte de M. de Mornay, dans une petite propriété de sa famille. Elle y passa deux jours pour attendre que le duc de Chartres vînt la rejoindre et que M. de Mornay lui eût procuré des passeports qu'il avait demandés pour lui et sa famille. M. Régnier, qui y figurait comme valet de chambre, était assis sur le siége de la voiture.

Ce fut dans la nuit du samedi au dimanche (26-27 février) que la noble famille commença son pénible et triste voyage. Une averse empêcha qu'on ne la reconnût à Versailles ; elle passa la nuit suivante à Amiens, et prit le 28 le chemin de fer de Lille. Le wagon attenant à celui qu'occupait la duchesse avec ses enfants et trois personnes de sa suite, était occupé par des délégués qui allaient proclamer la république dans les départements du nord. On ignore s'ils ne reconnurent pas les fugitifs ou s'ils ne voulurent pas les reconnaître. Au delà de Lille, la duchesse se trouva bientôt en sûreté sur le territoire belge, où elle était sous la protection du roi

Léopold, dévoué à sa famille. Elle passa à Verviers une nuit de repos, dont elle avait le plus grand besoin. Là, elle écrivit à Madame la grande-duchesse pour la prier de venir la consoler dans son exil. Elle signa sa lettre du nom de comtesse de Dreux, emprunté à la propriété où reposaient les cendres de la famille d'Orléans. Elle avait indiqué Ems comme lieu de rendez-vous et elle y arriva effectivement le 1er mars. Elle n'attendit pas longtemps sa mère, qui était accourue de Ludwigslust en compagnie de son maréchal de cour, M. de Rantzau, le même qui, neuf ans auparavant, avait été témoin de l'ovation dont la duchesse avait été l'objet à son entrée en France. Ce noble gentilhomme, qui avait connu et aimé la princesse dès son enfance, fut si douloureusement affecté de ce brusque changement de fortune qu'il en tomba gravement malade ; son état inspira de vives inquiétudes à la duchesse, qui oubliait ses propres chagrins pour ne songer qu'au danger que courait le fidèle et ancien ami de sa maison.

Mlle de Sinclair, qui accompagnait la grande-duchesse héréditaire, décrit dans une lettre l'entrevue des deux princesses à Ems. Nous en extrayons le passage suivant, qui peint avec intérêt la disposition intérieure et le dénuement extérieur de la noble duchesse exilée.

« Je la vois encore devant moi, à notre arrivée à Ems, le 8 mars ; elle était debout sur le perron, pâle mais pleine d'énergie et de confiance en Dieu. Je la vois serrer dans ses bras sa mère dont elle attendait si impatiemment l'arrivée. Qu'elle était sublime et touchante ! Chaque fois que je repasse dans ma mémoire les paisibles semaines d'Ems, il me semble qu'un sanctuaire s'ouvre devant moi. Elle manquait de tout, presque du nécessaire, mais que cette chère princesse était grande au milieu de toutes ces privations ! Elle voulait tout simplifier encore et renoncer à ce qui n'était pas absolument indispensable. Je n'oublierai jamais qu'elle me dit un soir d'un ton enjoué : « Clara, nous voulons aujourd'hui nous accorder une petite fête ; nous voulons boire du thé » (le règlement domestique proscrivait le thé). Je me hâtai de le commander ; la bonne duchesse, toujours aimable et naïve, le savourait à l'avance et exigeait que M. Régnier vînt aussi en boire avec son collègue. Elle me pria de les inviter ; mais, la délicatesse leur faisant une loi de refuser, elle vint elle-même et ils durent obéir. Oh ! c'étaient là des heures que des paroles ne peuvent rendre et qu'il faut se borner à sentir et à garder au fond de son cœur. »

Même alors, elle « n'était pas malheureuse ; » cette assertion de son auguste mère est assurément une grande vérité.

Un cœur aimant ne compatit jamais plus vivement aux peines de ses alentours que lorsqu'il est lui-même froissé par le malheur. C'est bien là ce qu'éprouvait la duchesse, et ce qui l'engagea à m'écrire d'Ems une lettre pleine de sollicitude pour le jeune homme de Munich qui était entré, sur ma recommandation, au service du duc de Chartres.

Ems, avril 1848.

Cher professeur,

« Depuis les orages qu'il a plu au Seigneur de faire fondre sur ma chère France, j'ai eu le sentiment intime que vos prières et vos pensées m'accompagnaient ; je pensais aussi recevoir un jour de vous un mot de fidèle souvenir. Je l'espère encore maintenant, car je ne douterai jamais de votre sympathie. La mienne vous est à jamais acquise, et j'ai été plus d'une fois attristée en pensant aux soucis que vous avez eus dans ces derniers temps [1]. Que Dieu calme ces inquiétudes ! — cet espoir est d'autant plus fondé que votre roi semble prendre à cœur la grande tâche qui lui est échue dans des temps si difficiles. Mes prières et mes vœux l'accompagnent, ainsi que la reine.

« Je vous écris aujourd'hui, cher professeur, au sujet de l'excellent jeune homme que, dans des temps plus heureux, vous aviez recommandé pour les fonctions de valet de chambre de mon fils cadet. Au moment de la révolution, lorsque j'ai dû quitter cette chère ville de Paris, il a été séparé de moi et il est

---

[1] Elle fait allusion aux troubles de Munich et à l'avénement de Maximilien II.

retourné, quelques jours après, dans sa patrie ; car il m'était malheureusement impossible de le garder à mon service, malgré le zèle, la fidélité et l'intelligence dont il avait constamment fait preuve. Je lui ai promis que j'aurais recours à votre bienveillance pour lui procurer, si possible, une autre condition. Si vous dites un mot, en mon nom, à la comtesse Grawenreuth et peut-être à la reine Marie, il se présentera sans doute quelque place. Pendant les deux années qu'il a consacrées à mon enfant, il a donné des preuves d'intelligence, de capacité et d'une rare fidélité ; je regrette infiniment de ne plus l'avoir auprès de mon fils. Au milieu de l'incommensurable désastre qui a atteint notre famille, un de mes plus amers soucis est de ne pouvoir désormais reconnaître les services de tant de fidèles serviteurs. C'est là ce qui m'affecte le plus, après la pensée de l'avenir de mes fils. Mais Dieu, qui nous a dispensé une si grande affliction, sera encore notre soutien et notre guide !

« Si vous pouvez me donner une réponse, je vous prie de me l'adresser sous le couvert de ma mère, qui est aussi à Ems, où nous vivons dans une retraite absolue, jusqu'à ce que les baigneurs nous chassent. Nous sommes à l'hôtel d'Angleterre. Adieu, cher professeur. Je recommande tout ce qui m'est cher à votre souvenir et à vos prières.

HÉLÈNE. »

La république paraissait se consolider et rendait, pour le moment, impossible la perspective d'un retour en France. D'un autre côté, Ems cessait d'être une retraite ; il se remplissait de baigneurs et, en même temps, de curieux importuns. Le grand-duc de Mecklenbourg avait offert l'asile de Ludwigslust ; le roi de Bavière, celui de Wurzbourg ; mais la duchesse choisit Eisenach, dont le château fut mis en partie à sa disposition par le grand-duc, son oncle. Elle s'y rendit avec sa suite, augmentée du précepteur du duc de Chartres, M. Courgeon, et de quelques domestiques. Les personnes d'un rang élevé qui composaient précédemment sa maison, vinrent à tour à Eisenach, pendant des périodes de temps plus ou moins longues, et la servirent comme autrefois aux Tuileries, à Neuilly et à Eu. La marquise de Vins, lectrice de Madame la duchesse, et M. Boismilon, ancien précepteur du duc d'Orléans, qui aidait maintenant de ses conseils l'éducation de ses fils, ne quittèrent pas la duchesse jusqu'à sa mort. Ainsi s'était formée à Eisenach une véritable colonie française ; on y observait scrupuleusement les usages français, car la duchesse croyait encore que la crise serait passagère et elle voulait que les jeunes princes restassent, à tous égards, fidèles à leur pays. Si, dans l'éducation du comte de Paris, elle ne perdait pas de vue la haute mission à laquelle il pouvait être appelé, elle ne méconnaissait toutefois pas les avantages que l'exil procurait à ses fils. Plus rapprochés de la vie ordinaire, ils apprenaient mieux à la connaître ; ils se trouvaient en relation sociale avec des personnes des classes les plus diverses et étudiaient avec intérêt les usages, les professions de la bourgeoisie. La duchesse avait fait venir à Eisenach la femme et les deux fils de M. Régnier ; par la conformité de leur âge et de leur développement intellectuel, ces enfants étaient les émules et les compagnons des jeunes princes. L'illustre exilée prenait elle-même de nouvelles forces et une nouvelle vie à Eisenach ; la beauté et la salubrité de la contrée, l'intérêt artistique qu'offraient la rénovation et la décoration intérieure de la Wartbourg ; le voisinage de Weimar, résidence de sa famille ; la société, qui suffisait à exclure toute idée de solitude sans être assez nombreuse pour être à charge, tout cet ensemble d'avantages donnait à ce séjour un attrait particulier. Eisenach possédait, en outre, une église catholique, desservie par un digne et pieux ecclésiastique ; cette circonstance avait pour la duchesse un prix tout spécial, en vue de ses deux fils.

Celui qui avait vu naguère à Paris la princesse entourée de tout l'éclat du rang qu'elle occupait, n'avait pu s'empêcher de partager l'admiration générale due à l'élévation de son esprit. Ce sentiment devenait plus vif encore, lorsqu'il la voyait à Eisenach, privée de tout prestige extérieur, déployer les ressources naturelles de sa haute et vive intelligence. Le noble faucon du Schah

Béhéram Gour, le grand chasseur, était magnifique à voir, lorsque, paré d'anneaux d'or, il posait fièrement sur le poing cuirassé d'argent de son maître assis sur son élégant coursier : mais l'œil des chasseurs admirait bien davantage le bel oiseau, lorsque, débarrassé de son chaperon d'or, de ses anneaux et de ses clochettes, il fendait la nue avec rapidité ou planait majestueusement au-dessus des créneaux du donjon.

XX

RENSEIGNEMENTS PRIS A LA MEILLEURE SOURCE.

Ces renseignements se trouvent sans doute en première ligne dans les lettres mêmes que la duchesse m'adressa des diverses stations de son exil.

Eisenach, 10 juin 1848.

« Cher professeur, je vous écris d'Eisenach que le synode allemand a rendu très-bruyant ; d'Eisenach, asile de sainte Elisabeth et de Luther, où m'est parvenue votre lettre avec son amical conseil. Si je ne vous ai pas remercié plus tôt, c'est que mon temps est absorbé par ma correspondance, bien que je n'aime pas à livrer de cette manière les blessures de mon cœur et l'agitation de mon esprit ; d'un autre côté, je me résous difficilement à ne vous entretenir que de choses accessoires, quand les grandes questions du temps nous préoccupent exclusivement l'un et l'autre. Ce motif ne doit cependant pas me donner plus longtemps l'apparence de l'ingratitude. Permettez-moi de vous dire combien je suis touchée de vos paroles et reconnaissante du conseil que vous me donnez de chercher un asile en Bavière. C'était là aussi ma première pensée ; j'avais eu l'idée de Wurzbourg, de Bamberg, de Nuremberg ; mais, au milieu de mes hésitations, je reçus de mon oncle l'aimable et paternelle invitation de venir ici, et j'acceptai son offre. J'ai donc provisoirement dressé ma tente sous sa protection et je me sens aussi heureuse qu'on peut l'être dans l'exil ; je trouve le pays aussi beau qu'il peut le paraître à des yeux voilés de larmes, et je suis l'objet d'une affection aussi bienfaisante qu'elle peut le sembler à un cœur brisé, qui soupire après la patrie. La présence de ma mère est pour moi un sujet de consolation; j'ai en elle un modèle de noblesse de sentiments et de piété ; j'ai un gage d'avenir dans l'heureux développement de mes enfants ; mon cœur devrait donc cesser de souffrir, mais Dieu seul peut le calmer ; j'attends de Lui ce bienfait et je veux me soumettre aveuglément à sa volonté. Savons-nous ce que le lendemain nous apporte ? pourquoi donc nous tourmenterions-nous ?

« Dites à la reine, ma cousine, combien j'ai été réjouie de son heureuse délivrance, et recommandez-lui instamment mon fidèle P. Si je le savais placé comme il le mérite, j'aurais un grand poids de moins sur le cœur.

Je sens que cela présente des difficultés ; je ne veux donc pas être importune.

« Saluez le brave B. ainsi que sa femme, si vous les voyez. Je me souviens encore de la visite qu'ils me firent à Eu. Quel abîme entre alors et maintenant !

« Que Dieu vous garde et vous accorde encore, à vous et à Mme de Schubert, des jours plus beaux et plus doux que ceux où nous vivons. Je me recommande avec mes enfants à vos prières.

HÉLÈNE. »

A l'époque où me parvenait cette lettre, j'en recevais une autre d'une dame d'un haut rang, témoin journalier de la vie de famille d'Eisenach. Elle dépeint en traits animés les deux princes : le comte de Paris, alors âgé de 10 ans, d'une taille haute et élancée, gracieux dans ses mouvements, posé dans sa tenue, ingénieux dans ses réflexions, d'un jugement sain, d'une conception facile. « Son précepteur, auquel il est très-attaché, possède tous les dons qui peuvent exercer la plus heureuse influence sur le développement du prince. Il grimpe avec son élève sur les montagnes des environs, lui fait cueillir et sécher des fleurs qu'on envoie ensuite à Paris pour les faire classer par M. Germain, qui enseignait au prince la botanique. Un observateur qui arrêterait ses regards sur les yeux bleu-foncé du comte de Paris, sur sa physionomie régulière où se peignent la bonté du cœur, le sérieux et l'intelligence, verrait aussitôt que ce n'est pas un enfant ordinaire.

« Robert, âgé de 8 ans, qui aime encore à être le petit Robert, est assez grand pour son âge, mais toujours si pétulant que je ne crois pas avoir jamais vu d'enfant si vif. Il se développe heureusement, tant au point de vue de la volonté que de l'intelligence. Sa voix est d'une force pénétrante ; ses yeux bleus et spirituels animent une physionomie dont les traits fins rappellent ceux qu'avait à son âge la reine Marie-Amélie, son aïeule. L'affection des deux enfants pour leur mère est touchante, mais aussi bienfaisante ; car qu'est-ce qui pourrait sans cela lui rendre la vie supportable ? »

Aux deux lettres de la duchesse d'Orléans, datées d'Ems et d'Eisenach, vient se joindre, d'après son contenu, la lettre suivante, dont je transcris plusieurs passages :

Eisenach, 6 mars 1849.

« Je voulais depuis longtemps vous remercier, cher professeur, de la précieuse lettre que j'ai reçue de vous au mois de novembre de l'année passée, et de l'incluse à l'adresse de mon fils aîné, qui en a été ému et réjoui ; nous étudions maintenant avec un grand zèle, dans les leçons d'allemand que je lui donne, le petit livre qui l'accompagnait. Ma correspondance est malheureusement telle qu'il m'est impossible de suffire à toutes mes obligations ; et ainsi il m'est parvenu de vous une seconde lettre à laquelle je réponds encore plus tard que je ne l'aurais voulu. »

(Elle exprime de nouveau sa sollicitude pour le fidèle valet de chambre de son fils cadet, et sa gratitude de ce qui a été déjà fait pour lui par l'obligeante entremise de la reine Marie.)

« La lettre que vous avez eu la bonté d'écrire à mon petit Paris l'a fort intéressé. Il vous connaît dès sa plus tendre enfance, comme on connaît une légende; la baguette du buisson ardent, la rose de Saron, le bull bull, malheureusement si vite mort, enfin votre histoire naturelle et tant de récits dont vous avez été l'objet, ont établi un lien mystérieux entre vous et sa jeune imagination. Une lettre de son invisible ami lui a donc paru une merveille du pays des fées; les nombreux et excellents ouvrages que vous lui recommandez, feront peu à peu ses délices. Il aime déjà fort son Plutarque et le connaît presque comme son catéchisme; c'est à l'école seule des grands hommes qu'il peut s'élever maintenant. A une époque où l'humanité est tombée si bas, il faut bien diriger ses regards sur le passé, pour ne pas perdre la foi à l'humanité. Puisse-t-il voir de meilleurs jours; quand les orages qui nous entourent se seront calmés! Ma mère, près de qui j'écris en ce moment, vous salue très-cordialement. Que de fois nous parlons de vous, et que nous souhaiterions une visite du pèlerin dans notre ermitage de la Thuringe.

Hélène. »

Si les lettres qu'on vient de lire nous donnent déjà une

idée du genre de vie et des sentiments de la duchesse pendant son séjour à Eisenach, nous avons encore d'autres renseignements plus précis sur ce sujet. En effet, la duchesse cherchait, autant que possible, à introduire dans sa nouvelle retraite l'arrangement domestique et l'esprit qui régnaient autrefois à Friedensbourg. Quand elle était seule ou avec ses intimes, on s'occupait fréquemment des mêmes sujets qui avaient fait le charme du cercle de Friedensbourg. Il y avait, entre autres, une poésie religieuse qui était tout particulièrement goûtée alors et qui se trouvait dans l'excellent ouvrage intitulé : *Vie de J.-M. Sailer Feneberg.* Elle avait produit une si profonde impression, qu'on avait voulu la mettre en musique. On lui avait adapté une mélodie avec accompagnement de piano, et le chœur de Friedensbourg la chantait volontiers et souvent. On peut bien dire que, de toutes les personnes qui composaient ce petit chœur, la princesse Hélène était celle qui sentait le mieux les paroles de cette poésie chrétienne et qui en chantait avec le plus d'âme la mélodie. A Paris, dans des moments de recueillement, mais plus souvent à Eisenach, elle aimait à la chanter encore, car l'expérience de son cœur lui avait enseigné le sens profond de cette énergique et consolante poésie du bon Feneberg [1].

[1] Elle est intitulée *Croix et amour :* les huit strophes dont elle se compose, développent la pensée que, pour avoir le vrai repos du cœur, le chrétien doit à la fois *aimer* et *souffrir ;* que l'amour sans la croix est aveugle et sujet à l'erreur; que la croix

Madame la duchesse d'Orléans a eu si fréquemment dans le cours de sa vie l'occasion de se l'appliquer, qu'elle était devenue pour elle comme une sorte de mot de ralliement. Il en était de même d'une poésie de l'évêque Spangenberg, qui était pour son cœur un bouclier ou une amulette, lorsqu'elle était engagée, par suite de sa position politique ou religieuse, sur le sentier parfois glissant de la sagesse humaine. Cette poésie a pour titre : *Simplicité sacrée, merveille de grâce* ; elle était fréquemment lue le soir à Eisenach, comme à Friedensbourg.

Ainsi, à Eisenach, quand l'œuvre de la journée était achevée, on fermait les yeux dans la paix et le repos de l'âme ; et, au réveil, on les ouvrait avec une disposition du cœur non moins calme et paisible.

XXI

CONSOLATIONS ET NOUVELLES ÉPREUVES.

Une preuve frappante de la considération générale dont Madame la duchesse d'Orléans jouissait, avait été donnée par le peuple de Paris lui-même, au milieu du vertige de la révolution de février. Les émeutiers avaient pénétré dans la plupart des appartements des Tuileries,

(douleur) sans l'amour est lourde et conduit au désespoir, etc.
(*Note du traducteur.*)

et même dans quelques-unes des pièces réservées à la suite de la duchesse ; mais ils ne s'étaient pas bornés à épargner le pavillon Marsan qu'elle habitait ; ils avaient encore suspendu des guirlandes aux portes, en signe de respect. Sa femme de chambre put y entrer plus tard, et, avec l'aide de fidèles amis, emporter tout ce qui appartenait à sa maîtresse. On en envoya une partie à Eisenach ; les meubles d'un transport plus difficile furent déposés dans une chambre louée à cet effet. Ainsi la duchesse conserva intact tout son mobilier, et bientôt elle se vit entourée de tous les portraits, tableaux et autres objets qui avaient pour elle un grand prix en lui rappelant des jours plus heureux. Elle reçut aussi plus tard son douaire qui, d'après les lois françaises, ne pouvait sans doute lui être enlevé.

Le 24 février 1849, jour anniversaire de la révolution, le marquis de Mornay vint à Eisenach, qui était le but d'un incessant pèlerinage. Si la duchesse était heureuse de ces témoignages d'affection et de sympathie, elle se trouvait dans une surexcitation continuelle, qui affectait sa santé, ébranlée déjà par tant d'orages. Elle put cependant affronter sans danger les rigueurs de l'hiver en assistant, comme spectatrice, aux divertissements des jeunes princes, qui patinaient sur un étang situé au pied de la Wartbourg.

Elle prenait une part plus active encore aux exercices et aux occupations qui avaient pour effet de fortifier en eux, non le corps, mais la vie de l'esprit. Bien que le soin de sa santé lui fît un devoir de prolonger le repos de la nuit, elle ne négligeait jamais d'appeler ses fils auprès d'elle pour le culte du matin. La prière faite en commun était suivie d'entretiens, dans lesquels la foi vivante de la duchesse exerçait sur ses enfants une impression si profonde et si pénétrante qu'elle sera à jamais gravée dans leurs cœurs. La différence de culte n'eut jamais de suites fâcheuses ; elle assistait avec intérêt aux leçons de religion qu'un digne ecclésiastique catholique donnait aux enfants ; et sa foi luthérienne, à la fois ferme et conciliante, inspirait au prêtre un si profond respect qu'il est peut-être de tous les membres du clergé celui qui, après la mort de la duchesse, a rappelé avec le plus d'onction ce qu'elle avait été et ce qu'elle avait fait.

Dans l'été de 1849, elle avait vu à Leipzig tous ses parents de Mecklenbourg ; au mois de mars 1850, elle alla à Schwerin et à Ludwigslust, pour y revoir tous ceux qui lui tenaient de près. On aurait dit que des pensées d'adieu à sa parenté, à l'Allemagne, préoccupaient cette princesse qui n'avait plus de patrie et qui maintenant visitait encore une fois ses coins favoris sur la terre allemande. Après avoir traversé Meiningen, qui lui rappelait les heures passées dans l'intimité de la maison ducale, après avoir joui à Cobourg des douceurs du cercle de famille auprès de sa chère sœur Clémentine, elle se rendit avec elle et son beau-frère dans la bonne vieille cité de Nuremberg. C'était au mois d'avril 1850. Elle fit voir à ses fils cette ville qui avait été si chère à son enfance ; elle leur montra tout, les églises, les belles fontaines, la maison d'Albert Durer, les fabriques de soldats de plomb. De Nuremberg, elle alla à Wurzbourg, où elle fit la connaissance personnelle du neveu de sa maternelle amie, Mme la générale de Both ; elle visita avec un intérêt particulier le musée de Francfort, et descendit le Rhin sur un bateau à vapeur pour aller en Angleterre.

Elle y était appelée par le devoir d'accompagner le comte de Paris, qui devait faire sa première communion sous les yeux de la famille royale. Une chapelle, située à Kingstreet Portmansquare, avait été désignée pour cette solennité. C'était dans cette chapelle que Louis-Philippe, dans un premier exil, avait fait ses dévotions ; il était alors dans toute la vigueur de l'âge, et l'avenir s'ouvrait devant lui ; maintenant il y entrait, soutenu par le général Dumas et courbé sous le poids des années et des soucis. Il était suivi de la reine, dont le pas était ferme et le regard serein. La perte d'un trône qu'elle n'avait jamais ambitionné, n'avait pu la troubler ; un cœur sanctifié par l'amour de Dieu n'a pas de regrets pour les ruines fumantes d'un bonheur terrestre ; il a devant lui un refuge assuré, qui fait tous ses désirs. Après la reine venait la duchesse d'Orléans avec ses enfants et le reste de la famille. La chapelle entière était pleine d'amis ; vingt-huit jeunes gens, du même âge que le comte de Paris, occupaient le premier banc près de l'autel. On remit au prince un précieux paroissien, qui était déposé sur l'autel.

Il y avait deux mois que l'abbé Guelle était venu de Paris pour terminer l'instruction du prince. Aussi se tenait-il à son côté, pendant que l'évêque de Londres, le cardinal Wiseman, fonctionnait dans cette circonstance solennelle. « Qui aurait pu, dit un témoin oculaire, contempler sans émotion cette mère, dont les yeux voilés de larmes s'arrêtaient sur son fils, comme si elle eût voulu l'envelopper d'un regard d'amour, pendant qu'il était là à genoux, et que tous ses traits avaient une expression d'innocence, d'humilité et de dévotion? » Les sanglots des assistants n'étaient pas même étouffés par les sons de l'orgue. La nourrice du prince était venue de France tout exprès pour cette cérémonie.

Plusieurs personnes, qui n'avaient plus revu la famille royale depuis les jours de sa prospérité, trouvaient que la duchesse d'Orléans était, de tous les membres qui la composaient, la moins changée et la moins abattue. Elle s'était parée pour ce jour de fête comme à l'époque de son bonheur; l'expression de sa physionomie était, comme toujours, douce, bienveillante et spirituelle. Elle écrivait alors à une amie :

« On se sent souvent encore si jeune, si sympathique qu'on ne songe pas aux années déjà loin de nous. Mais Dieu et le temps agissent incessamment en nous, et nous pourrions bien être assouplis. Ah! que la vie est une bizarre chose, et que le cœur de l'homme est chose plus bizarre encore ! Dieu doit avoir beaucoup, beaucoup de patience à notre égard. »

J'ai dit plus haut qu'en revoyant successivement ses amis et parents d'Allemagne et en visitant ses endroits favoris, la duchesse semblait faire ses adieux à sa patrie. Elle exprime ce même sentiment dans quelques passages de ses lettres, et son arrivée en Angleterre devait être bientôt suivie d'adieux déchirants pour son cœur.

L'affaiblissement des forces de Louis-Philippe ne pouvait échapper à quiconque avait l'occasion de le voir à certains intervalles, et surtout pendant son dernier séjour en Angleterre. Les membres de sa famille, qui l'entouraient constamment, ne le remarquaient pas au même degré. Sa ferme confiance en lui-même, qui ne l'avait jamais abandonné au milieu de tous les dangers et des vicissitudes de son règne, avait été ébranlée le 24 février, lors du désastre inattendu dont il avait plu à Dieu de frapper sa maison. A son départ de Paris, il avait pris la direction de Dreux, où reposaient les cendres de ses pères; et, après quelques jours passés en Normandie, il avait débarqué le 3 mars en Angleterre, sur ce sol qui, plus d'une fois déjà, lui avait donné un asile hospitalier. Il séjourna d'abord à Claremont, domaine appartenant à son gendre, le noble roi des Belges; puis il s'établit à Richmond. Quiconque l'approchait, s'inclinait avec respect devant ce monarque déchu, qui supportait sa destinée avec tant de calme et de dignité. Les amis de sa maison et surtout sa famillle étaient de sa part les objets d'une constante sympathie et d'une affection toute paternelle. Une sereine résignation l'accompagnait à ses derniers moments. Sa dépouille mortelle fut déposée dans la petite chapelle de Weybridge sans le déploiement d'une pompe royale, mais au milieu du concours sympathique d'un noble et nombreux cortége.

Dans le cours de cette même année 1850, Madame la duchesse d'Orléans reçut un autre coup, non moins douloureux et peut-être plus inattendu encore, par la nouvelle de la mort de la reine Louise de Belgique, sa belle-sœur et son amie.

« Cette année, écrivait-elle, m'a tellement appauvrie que j'ai souvent peine à secouer les pensées qui m'oppressent et me déchirent, pour garder encore quelque fraîcheur d'esprit. Mais c'est assez parler de moi et de ma douleur. La reine ne me donne-t-elle pas un admirable exemple de force d'âme et de céleste résignation ? et devrais-je porter ma croix moins courageusement qu'elle ? »

La duchesse passa l'hiver en Angleterre auprès de la famille royale en deuil. Madame la grande-duchesse héréditaire écrivait au mois de janvier 1851 : « Hélène aime à fréquenter le culte de l'église luthérienne allemande de Londres, où elle goûte les prédications d'un ecclésiastique qui fonctionne alternativement avec le vieux pasteur Steinkopf, âgé de 84 ans. » Au mois de février, elle m'écrit : « J'ai reçu de bonnes nouvelles de la santé d'Hélène. Je crois presque que le Seigneur la tient cachée et à couvert dans sa paisible retraite, où ses enfants prospèrent. Quel bienfaisant sentiment que celui d'être ignoré ! Mais il y a un sort plus désirable encore, c'est celui d'une vie cachée en Dieu seul. »

Bientôt les nouveaux événements qui se passèrent en France en 1851, amoncelèrent d'épais nuages qui troublaient souvent l'horizon serein de la duchesse.

« Le repos, écrivait-elle, que j'aimerais tant à trouver dans une tranquille retraite, dans un complet oubli du monde extérieur, de cette odieuse politique, ce repos, je ne puis l'obtenir, parce que les troubles de notre pauvre pays, les espérances des uns, les folies des autres, la tiédeur de la majorité me travaillent trop intérieurement et ne laissent aucun relâche à mes pensées. Je m'occupe beaucoup, je fais de la musique, je me promène souvent, je suis fréquemment avec les miens, mais mon cœur ne peut être calme. Dieu seul peut rendre la paix et j'ai le ferme espoir qu'il le fera. »

Les passages suivants d'une autre lettre prouvent jusqu'à quel point elle connaissait et savait trouver la source de cette paix intérieure et durable :

« La reconnaissance envers Dieu est de tous les sentiments celui que j'aime le plus. Cet épanchement de notre âme ne nous attire-t-il pas puissamment à lui, et n'établit-il pas souvent un rapport plus étroit que celui de la douleur? et y a-t-il une plus grande douleur que celle de l'impuissance de rendre grâces au milieu de la prospérité? y a-t-il une plus grande sécheresse de cœur que celle de l'ingrat? Non, j'aime à épancher la reconnaissance dont mon cœur est rempli envers Lui, à qui je dois tout ; envers mes proches et amis qui me procurent tant de jouissances ; envers mes ennemis, devrais-je ajouter, car ils me montrent le revers de la vie et poussent mon cœur à chercher de plus en plus en Dieu son appui. Je comprends maintenant le double sens de la parole : « Aimez ceux qui vous maudissent. » Mais je serais hypocrite, si je disais que j'en suis déjà venue à être reconnaissante envers eux. Je confesse seulement qu'ils méritent aussi de la reconnaissance, et qu'en disant : Pardonnez-leur, Père, car ils ne savent ce qu'ils font, je *devrais* amasser sur leur tête des charbons de feu. Voilà que j'ai passé sans transition de mes meilleurs amis à mes persécuteurs les plus acharnés. »

XXII

UN AVANT-GOUT DES TERREURS DE LA MORT.

Quand le cœur est dans la disposition qu'indique la lettre précédente, il peut envisager avec calme les terreurs et le jugement de la mort. Il était réservé à la duchesse de les éprouver avant le moment où, dans le cours ordinaire de la nature, Dieu appelle l'homme à comparaître devant lui. Dans cette crise à laquelle je fais allusion, la duchesse a franchi toutes les angoisses de la sombre vallée par laquelle passe le mourant pour entrer dans un autre monde, dont elle a entrevu un instant les splendeurs. C'est pour cela que, plus tard, elle a quitté ce monde sans lutte, sans voir l'approche de la mort ni en sentir l'amertume, car elle avait déjà traversé cette épreuve ; elle avait lutté avec la mort et ne l'avait lâchée qu'après avoir dit, comme Jacob à l'ange : « Je ne te laisse pas que tu ne m'aies bénie. »

A la fin de 1852 et au commencement de l'année suivante, de graves événements, qui suivaient de près le deuil de la famille royale, entretinrent l'agitation dans le cœur de la duchesse. Je veux parler du coup d'Etat du 2 décembre et de la confiscation des domaines de la famille d'Orléans, qui aggrava encore sa sentence d'exil. La perte matérielle ne touchait que bien peu la duchesse, mais elle était sous le poids d'une autre affliction, qui creusait un abîme entre elle et l'avenir de sa vie. « On ne doit pas s'en étonner, » écrivait Madame la grande-duchesse ; « elle est attachée comme par un charme au pays qui l'a repoussée. Mais le Seigneur la délivrera de ce charme. Il commence déjà. »

Sa santé était très-ébranlée depuis quelque temps. Les médecins lui avaient prescrit un voyage en Suisse. Sa noble mère m'écrivait le 8 août 1852 :

« Hélène est maintenant à St-Gervais, sur l'une des hauteurs situées au pied du Mont-Blanc, pour respirer l'air pur de la contrée et fortifier ses nerfs. Sa santé n'inspire pas de sérieuses inquiétudes. Les enfants, qui doivent avoir beaucoup grandi, grimpent avec les chèvres sur les montagnes d'alentour ; ils aiment la nature et leurs études. Que le Seigneur donne à tout sa bénédiction ! »

L'innocente jouissance de ces promenades solitaires était habituellement troublée par la présence importune de gens qui semblaient des espions attachés aux pas de la duchesse et de sa suite. Sa force d'âme allait être mise à une plus rude épreuve ; elle allait voir la mort en face, et n'être sauvée que par la main de Dieu. Sur la route de Genève à Lausanne, la voiture fermée dans laquelle elle se trouvait avec ses fils, reçut un choc si violent qu'elle versa et fut précipitée dans une rivière. La duchesse eut la clavicule brisée ; mais, oubliant sa douleur et l'approche d'une mort qui paraissait certaine, elle pensait avec angoisse à ses enfants, qui étaient déjà sauvés, lorsqu'elle était encore sous l'eau. Elle fait allusion à cette délivrance dans une lettre qu'elle m'adressa après son retour en Angleterre. La voici tout entière, car elle est en même temps le miroir du calme de son âme.

Kittley Devonshire, 15 janvier 1853.

« C'est avec une véritable émotion que j'ai reconnu votre main et ouvert le livre que vous m'avez envoyé en souvenir du passé. Vous auriez reçu plus tôt l'expression de ma reconnaissance, si le voyage de ce volume eût été plus facile et moins lent ; mais je n'en suis en possession que depuis peu de jours. J'ai déjà lu à mes fils plusieurs de vos intéressants récits, et ils ont été heureux que celui qui avait envoyé du désert le bull-bull et la verge de Moïse, ne les eût pas oubliés.

« Vous avez le don merveilleux de faire vibrer toutes les cordes les plus nobles de mon âme ; votre lettre n'a pas seulement réveillé en moi le souvenir de ce *passé* où les rêves étaient dorés et les espérances pleines de sève ; mais elle est encore une voix qui me parle de cet *avenir* sans fin où les songes deviendront une vérité, et où les espérances, flétries ici-bas, fleuriront de nouveau. Je vous fais donc encore une fois, et du fond de mon cœur, mes remercîments de toute l'affectueuse sympathie dont votre lettre me donne la preuve.

« Je regrette vivement que pendant mes fréquentes excursions en Allemagne, je n'aie jamais eu la joie de vous serrer de nouveau la main, d'entendre la voix qui savait bercer mon enfance de si jolies légendes, et qui, plus tard, à l'aide de la plume, a su faire goûter à mon esprit les plus sérieuses vérités. Il est toutefois bien avéré que nous n'avons pas besoin de nous voir pour nous entendre ; et ainsi, il a pu se faire, cher professeur (permettez-moi encore l'ancien titre), que je ne vous aie plus vu depuis ma sixième année sans que j'aie cessé de vous aimer et de vous respecter.

« Vous avez sans doute raison ; des tempêtes ont passé sur nous ; et, dans le cours des dix dernières années, j'ai fait *à fond* l'expérience de l'amertume de la vie. La courte période de mon bonheur était trop belle, trop sans pareille ; il m'a fallu l'expier. Mais c'est surtout au milieu de ces dures épreuves que j'ai visiblement éprouvé la grâce et la patience du Seigneur. Dernièrement encore, lorsque son bras a gardé mes enfants en danger et m'a sauvée moi-même d'une mort qui m'apparaissait clairement, sans espoir de secours, j'ai eu la preuve bien évidente de sa puissance et de sa bonté ; j'ai appris à regarder comme un don de son amour et à apprécier à sa valeur cette vie que j'avais si souvent trouvée amère et pénible. Puisse ce sentiment contribuer à la gloire de Dieu et au salut de mes chers enfants !

« Si vous me donniez de temps en temps de vos nouvelles, vous me feriez un grand plaisir. Faites mes cordiales salutations à la reine Marie, qui m'est si chère, et croyez au fidèle attachement de votre ancienne élève.

HÉLÈNE. »

J'avais fait part à mon ami Schelling, à Berlin, du récit de cette délivrance de Madame la duchesse d'Orléans. Je connaissais son respect et son affection pour cette princesse, dont il avait fait la connaissance personnelle à Eisenach ; je savais la part sympathique qu'il prenait à ses destinées. En m'adressant, le 8 mars 1853, l'avant-dernière lettre que j'aie reçue de sa main, il appelait Madame la duchesse d'Orléans « la femme la plus rudement éprouvée de notre époque », et il ajoutait un mot prophétique au sujet de ses enfants. Puisse-t-il se réaliser dans toute son étendue !

XXIII

NOUVEAU PÈLERINAGE.

La duchesse fut obligée de passer quelques semaines à Lausanne, jusqu'à ce que sa fracture lui permît de retourner en Angleterre ; quoiqu'elle se sentît abattue par les souffrances du corps et de l'âme, elle écrivait à son amie :

« Que la volonté du Seigneur s'accomplisse en moi, pour sa gloire et pour mon salut ; que les mystérieux sentiers par lesquels Il me conduit, purifient mon âme et me rendent capable de remplir mes devoirs maternels !

« Mes enfants prospèrent, écrivait-elle une autre fois ; ils vivent heureux au milieu des rêves de jeunesse et deviennent robustes de corps et d'esprit. J'espère pouvoir les conduire bientôt en Allemagne, où j'ai un ardent désir d'aller. Le repos, le repos, l'*isolement de toute politique*, voilà ce dont j'ai autant besoin que d'air pur. »

Comme elle ne pouvait échapper à l'agitation politique dans le cercle où elle vivait, elle se réfugia pour quelques semaines dans les montagnes d'Ecosse, et elle retrouva de nouvelles forces au sein de cette grandiose nature, dont elle comprenait le charme. Elle reprit même le pinceau et la palette, qu'elle avait si longtemps négligés, et se mit à dessiner d'après nature de jolis paysages, en compagnie de Madame de Vins, sa lectrice, dame douée de talents distingués.

Elle arriva enfin dans cette Allemagne tant désirée ; mais le deuil l'y atteignit aussi. La duchesse d'Altenbourg, sa sœur, avait comme elle perdu son époux ; cette mort affecta très-douloureusement Madame la duchesse d'Orléans, habituée pourtant à de tels coups par tant de cruelles séparations. La loyauté de caractère et les solides principes religieux du duc George l'avaient rendu cher à la duchesse, ainsi qu'à tous ceux qui l'avaient connu dans l'intimité. Elle fut très-souffrante de corps pendant l'hiver, mais elle ne concentra que plus activement toutes les forces de son esprit sur l'éducation de ses fils. Le comte de Paris avait reçu à cette époque un gouverneur militaire, dans la personne du général Trézelle.

« Paris, » écrivait-elle quelque temps après, « a passé un brillant examen ; Robert a fait le sien à Pâques, et l'a bravement subi. »

Elle introduisit ses fils dans le cercle de sa parenté, en les accompagnant à Rudolstadt, à Iéna, à Eisenberg, où, au mois d'août 1854, elle fut marraine de la petite-fille de sa sœur. Ces jours de fête furent immédiatement suivis de nouveaux jours d'affliction ; Madame la grande-duchesse sa mère, qu'un deuil profond avait deux fois atteinte dans l'espace de quelques mois, perdait encore à Rudolstadt la dernière de ses sœurs, auxquelles elle avait toujours été tendrement attachée. La duchesse se hâta d'aller la rejoindre, et elle l'accompagna ensuite à Eisenach. C'était pour elle une bénédiction toute spéciale de posséder encore une telle mère, et elle le sentait d'autant plus vivement que la mort faisait de nouveaux ravages dans le cercle de ses amis, car elle avait appris la mort subite du pasteur Verny et celle de Mademoiselle de Rantzau.

« Soyons plus étroitement unis, » écrit-elle à son amie ; « et, comme les soldats qui, dans une bataille, voient tomber leurs camarades, *serrons les rangs*, afin que les vides ne s'aperçoivent pas. »

Elle m'exprimait à moi-même de la manière suivante le bonheur qu'elle éprouvait d'avoir conservé sa mère :

« De toutes les visites, la plus chère est celle que me fait en ce moment ma bien-aimée mère ; mon cœur en est pénétré d'une reconnaissance toujours nouvelle. La lucidité, la vigueur de son esprit charme tous ceux qui l'approchent, et son cœur est encore si jeune, si aimant qu'il donne de la vie au plus indifférent. »

La guerre de Crimée était une nouvelle source de soucis pour la duchesse, parce que les fils d'un grand nombre de ses amis de France étaient tombés sur ces sanglants champs de bataille. A Eisenach, autour de la table à thé, chacun faisait de la charpie pour les blessés.

Il était touchant d'entendre ces exilés dire : « notre armée, nos braves troupes. » Leur attachement pour le pays qui les avait repoussés était tel qu'ils ne pouvaient le quitter, du moins en pensée. Le comte de Paris, entre autres, suivait chaque scène de ce drame militaire avec un intérêt aussi ardent que si les troupes avaient encore été sous les ordres de son aïeul. Il connaissait les tours, les forts de Sébastopol et les positions respectives des armées, comme s'il eût tout vu de ses propres yeux.

« Nous soupirons après la paix ; Dieu veuille nous la donner ; autrement il ne reviendra personne, » écrivait la duchesse.

Sa sympathie pour les souffrances qui étaient la suite

de cette guerre, se montrait en toute circonstance et jusque dans les moindres détails. Le fils de son valet de chambre était tombé devant Sébastopol ; on avait trouvé dans la poche de son habit un napoléon qu'on avait envoyé à ses parents avec ses effets. La duchesse fit mettre à cette pièce d'or un anneau, pour que la mère du soldat la portât en souvenir de son fils. Elle alla voir plusieurs fois cette femme très-abattue par le chagrin.

Pendant l'hiver de 1854-55, la duchesse eut fréquemment des maux d'yeux, qui ne diminuèrent pas le plaisir avec lequel elle accueillit des visites d'amis venus de France. « Hélène est calme, écrivait sa mère, bien qu'il lui en coûte de sentir que ses enfants n'auront, pour le riche développement de leurs facultés, d'autre perspective que l'isolement de l'exil. » Madame la duchesse m'adressa à cette même époque la lettre suivante, dont le ton et le contenu confirment cette observation.

Eisenach, 9 janvier 1855.

« Depuis longtemps, cher maître et ami, je désirais vous exprimer ma reconnaissance et vous dire combien je suis touchée de chaque preuve de votre bon souvenir. Je ne veux pas laisser passer ce renouvellement d'année sans acquitter la dette de mon cœur et sans vous remercier du cadeau que vous m'avez fait. Votre ouvrage [1] rend toujours mon humeur sereine, et les souvenirs de

---

[1] Le premier volume de l'autobiographie de l'auteur.

notre enfance me fournissent un abondant sujet de méditations. Ma bien-aimée mère goûte fort aussi ce livre, et souvent je la trouve occupée à le lire. Il a pour elle un charme que la vieillesse sait surtout apprécier, celui de rafraîchir les impressions de l'enfance ; mais, avec cela, elle peut encore, comme autrefois, sonder les passages les plus profonds et suivre les raisonnements les plus délicats. Elle est admirable! Vous seriez réjoui et étonné de l'entendre exprimer des idées si jeunes et si frappantes sur les points les plus importants. Elle a conservé une rare lucidité qui réagit heureusement même sur sa santé ; et, malgré toutes les souffrances qui l'ont assaillie dans ces dernières années, son cœur a encore infiniment d'élasticité. Je suis bien reconnaissante de l'avoir près de moi, et je sens que Dieu ne *nous* la *garde* pas seulement, mais qu'il *me* la *donne*. Sa présence est aussi d'un prix inestimable pour mes chers enfants.

« Mon cher professeur (car il faut que je garde cet ancien nom), agréez mes meilleurs vœux pour l'année 1855, et gardez-moi à votre tour un bon souvenir, auquel je tiens beaucoup.

HÉLÈNE. »

Au printemps de cette même année, le roi de Saxe, qui s'était rendu en Thuringe pour y faire quelques visites de famille, passa aussi à Eisenach. Il s'était établi entre la duchesse et lui un double lien spirituel, qui naissait d'une conformité d'épreuves et de consolations.

Quelle analogie n'y avait-il pas, en effet, entre le funeste accident qui mit fin aux jours du duc d'Orléans et l'événement du 9 août 1854, qui enleva le roi Frédéric-Auguste à une nation dont il était le père ? Et si la duchesse d'Orléans avait trouvé dans la pensée de l'éternité des motifs de joie et de consolation, quel cœur pouvait mieux la comprendre que celui d'un prince, dont le poème de Dante sur l'éternité avait réveillé la conscience? Aussi, le soir, à la table du grand-duc, qui avait accompagné son hôte à Eisenach, la duchesse, assise à côté du roi, éprouva-t-elle la douce satisfaction de comprendre et d'être comprise. Ce qui frappait chez ce prince, si simple et sans prétention d'ailleurs, ce n'étaient pas seulement sa finesse d'expression, sa haute culture et ses connaissances variées, mais surtout une profondeur de sentiment, qui éveillait une confiance sans bornes.

Le lendemain, 23 mai, le roi fit encore une visite à la duchesse, avant de partir pour Meiningen, et il l'invita à venir le voir à Dresde avec ses enfants et sa suite. La duchesse accepta avec plaisir cette invitation et, quelques semaines plus tard, se rendit à Dresde où la famille royale l'accueillit avec beaucoup d'affection. Une excursion dans la Suisse saxonne, faite au plus beau moment de l'année, lui procura une agréable distraction. Mais elle était surtout heureuse de voir ses deux fils s'intéresser aux œuvres d'art aussi vivement qu'elle l'avait fait elle-même à Dresde dans sa jeunesse. Elle serait restée plus longtemps dans cette ville, si l'état de sa santé ne l'avait subitement forcée d'abréger sa visite. Elle se hâta de retourner à Eisenach, reçut les soins de la grande-duchesse, accourue auprès du lit de sa fille, et fut assez promptement remise pour que les médecins lui conseillassent d'aller encore cette même année aux eaux de Pfeffers. Une lettre de la grande-duchesse, du 13 juillet 1855, dit à ce sujet :

« Dieu soit loué ! Hélène nous est conservée, mais elle est encore souffrante. Elle ira donc à Ragatz, qui est une succursale de Pfeffers. Que le Seigneur veuille bénir cette cure ! Nous partons lundi et nous irons ensemble jusqu'à Giessen ; de là elle se rendra en Suisse, et moi à Hombourg. Aujourd'hui, 13 juillet, jour anniversaire de notre commun deuil, nous avons pris la cène, les enfants dans leur église, nous dans la nôtre, mais tous réunis dans la même communion spirituelle. Les deux enfants, l'aîné surtout, étaient profondément émus. Ils se développent si heureusement que tous ceux qui les entourent en sont réjouis. Il en est de même du corps ; le comte de Paris a la taille d'un homme ; il est très-élancé sans doute, mais fort, souple et adroit dans ses mouvements, calme et modeste dans tout son être. Le duc de Chartres grandit aussi ; il apprend bien et a une vivacité toute française. L'un et l'autre aiment si passionnément leur mère, qu'on est touché et heureux de voir cette affection. Entourés des plus pures et des plus innocentes joies de la jeunesse, ils ne connaissent, grâce à Dieu, ni l'ennui ni les regrets. »

L'hiver suivant, l'état de la duchesse fut supportable; sans être malade, elle n'avait pas recouvré la santé. Elle m'adressa alors une lettre, dont le contenu concernait la partie de mon autobiographie qui renferme mon séjour à Mecklenbourg (3ᵉ vol., 1ʳᵉ partie).

Cette lettre, où domine un enjouement sérieux, est pleine de fines allusions à la situation du pays et de la cour à cette époque; ces allusions ne peuvent avoir d'importance que pour celui qui en a la clef. Elle prend, dit-elle, un vif intérêt aux souvenirs concernant son frère Albert et les années qu'elle a passées avec lui dans sa première enfance.

La duchesse prit encore la résolution d'aller aux eaux, dans la belle saison de l'année 1856. Elle choisit cette fois Soden, non loin de Francfort, parce qu'elle pouvait voir fréquemment sa mère, qui se trouvait alors dans le voisinage, à Hombourg. Les médecins, persuadés qu'un séjour prolongé dans un climat plus doux pouvait seul la rétablir, l'engageaient vivement à passer l'hiver en Italie. Le conseil était bon; la duchesse, si éprouvée par tant de souffrances, avait besoin de recueillir les forces de son âme et de son esprit pour la dernière lutte qui l'attendait; mieux que toute autre contrée, l'Italie lui offrait le repos dont elle avait besoin.

« Dans ce délicieux pays, écrivait-elle à son amie, je

sens en moi comme une nouvelle vie ; je suis robuste et gaie comme je ne l'ai jamais été depuis que j'ai commencé à souffrir. »

Si ce petit ouvrage ne devait être qu'un agréable délassement, je ne pourrais mieux atteindre ce but qu'en publiant les lettres écrites par Madame la duchesse d'Orléans à sa mère pendant son séjour en Italie (1856-57). Mais, comme ces lettres n'entrent pas directement dans le cadre que je me suis tracé, je me bornerai à indiquer les noms des contrées qu'elle parcourut et des villes où elle séjourna. Ceux de mes lecteurs qui ont fait le même voyage, n'auront pas de peine à se mettre à l'unisson des impressions de la duchesse.

Celui qui, après une grave maladie, s'est trouvé comme transformé par la nouvelle vie qui circulait dans tous ses membres, comprendra l'enjouement de la première lettre, écrite de Gênes (5 octobre 1856). La duchesse avait quitté l'Allemagne vers la fin de septembre ; le 2 octobre, elle est à Vérone, traverse par le chemin de fer la plaine du Pô, et passe les Apennins. L'impression que produit sur elle la magnifique situation de Gênes avec ses églises, ses palais et ses œuvres d'art, est si vive, si attrayante qu'elle ne tient pas compte de la boue des rues. Le peuple lui plaît, et les sentiments d'une partie de la haute société sont l'écho sympathique de sa propre pensée. Pendant qu'on fait des démarches pour lui procurer une maison de campagne qui réponde à ses goûts et à ses besoins, elle va voir le lac Majeur et les lacs de Côme et de Lugano. Elle décrit avec enthousiasme les splendides beautés de ces contrées ; elle s'étend avec complaisance sur la cathédrale de Lugano et sur les îles Borromées, contemplées par un magnifique clair de lune.

De Milan, où les chefs-d'œuvre de l'art la captivent, elle passe par Pavie, revient à Gênes le 27 octobre, et va occuper, peu de jours après, une villa près de Sestri. Assise sur la terrasse de cette maison de campagne, elle était entourée d'une végétation méridionale au milieu de l'hiver ; elle avait en face d'elle la mer azurée et respirait un air doux et bienfaisant. Elle s'était vue bientôt environnée d'un cercle de personnes, rapprochées d'elle par la conformité des principes, du rang et de la culture intellectuelle. Ces visites, qui n'arrivaient toutefois que par le premier convoi de Gênes et de Sestri, repartaient de la même manière l'après-midi, et laissaient ainsi à la duchesse le libre emploi de ses soirées. Ce séjour en Italie contribua de diverses manières à fortifier la duchesse et à développer les forces physiques de ses fils. Ainsi le comte de Paris passa plusieurs semaines en Sardaigne, pour y jouir des plaisirs de la chasse.

Les besoins du cœur et de l'esprit y trouvaient aussi leur satisfaction. Dans une lettre du 31 mars 1857, la duchesse décrit les établissements de bienfaisance et d'éducation de Gênes, auxquels elle prend un vif intérêt. Elle écrit ailleurs à Madame la grande-duchesse : « Que de fois j'ai pensé à vous dans cette bonne et paisible semaine, ma chère mère. J'ai pris la cène le jour de Pâques. Notre prédicateur génois, M. Vaucher, est un homme de foi, dont la parole touche vivement le cœur. »

La duchesse quitta, le 8 mai, le beau golfe de Gênes. La famille royale de Sardaigne, qui l'avait invitée, lui fit à Turin un excellent accueil. Indépendamment des jouissances que les beaux-arts lui réservaient encore à Milan, elle eut le plaisir de recevoir dans cette ville la visite de l'archiduc Maximilien, qui avait obtenu la main de sa nièce, la princesse Charlotte de Belgique. Ce prince avait d'aimables et solides qualités du cœur qu'elle eut l'occasion de retrouver un peu plus tard, à Inspruck, dans la famille de l'archiduc Charles-Louis. Elle se rendit ensuite à Augsbourg, en passant par Hohenschwangau, où elle occupa les appartements de sa parente, la reine Marie de Bavière. Vers la fin de mai, elle se trouvait à Eisenach où elle ne voulait pour le moment (pour la dernière fois!) séjourner que quelques semaines. Elle m'y écrivit une lettre où se peignent, comme autrefois, son cœur et son esprit.

Un séjour de plusieurs années l'avait attachée à Eisenach; le château qu'elle habitait, situé au pied de la Wartbourg, renfermait tous les souvenirs de temps plus heureux, dont elle avait voulu s'entourer. Ce n'était pas seulement dans un sens extérieur qu'elle avait pris possession de sa résidence; elle s'était élevé dans le cœur des habitants de la ville, des environs, de toute la Thuringe, un monument plus précieux qu'une demeure de bois et de pierre, plus durable que la courte station d'une vie errante. Les matériaux de ce monument, c'étaient les œuvres d'amour, les consolations prodiguées aux pauvres et aux affligés, les encouragements à la jeunesse ; c'était le modèle si pur de toutes les vertus chrétiennes qu'elle offrait à ceux qui l'entouraient ou même à ceux qui entendaient parler de sa vie de dévouement. On associait son nom à celui de sainte Elisabeth, dont la légende et la poésie avaient popularisé la mémoire dans la contrée, et qui, à une époque reculée, avait aussi habité la Wartbourg.

La duchesse, qui se trouvait maintenant plus heureuse à Eisenach que partout ailleurs, voyait dans ce sentiment même l'avertissement de quitter bientôt ce séjour et de diriger son pèlerinage vers une autre station. Elle ne s'était pas trompée : l'âge avancé de la reine Marie-Amélie lui faisant un devoir d'être plus habituellement auprès d'elle, elle quitta l'Allemagne pour retourner en Angleterre. Avant son départ, elle m'envoya une lettre, accompagnée de son portrait, qu'on dit fidèle et dont la copie est en tête de ce petit travail. Le 6 juillet 1857, la duchesse avait rejoint sa famille.

Elle occupait dans le bourg de Richmond une maison de campagne, propriété du marquis de Landsdowne. En une heure, elle était à Claremont, qu'habitait la reine ; en une demi-heure, à Twickenham, possession du duc d'Aumale. Son séjour à Richmond s'étant prolongé au delà de la durée du bail, elle se vit forcée de prendre une autre demeure, dont la façade, avec son lourd portail qu'encadraient deux sombres colonnes, avait l'air d'un tombeau. Avant d'y entrer, la duchesse fit donner à ce portail un aspect moins lugubre.

XXIV

LA FIN.

Vers cette époque, la pensée de la mort n'était pas seulement éveillée dans la duchesse par une circonstance extérieure, telle que l'aspect de la façade de sa demeure, mais elle était plus que jamais habituelle au fond de son âme. Beaucoup de sujets qui l'intéressaient précédemment, commençaient à lui devenir indifférents. Elle en venait peu à peu à partager le sentiment de sa mère, qui frissonnait à la seule pensée de cette politique « si froide, si glacée, » et qui n'aimait pas qu'on abordât le sujet des questions du jour, sur lesquelles elle gardait elle-même un profond silence. En traversant la Belgique, Madame la duchesse d'Orléans avait eu à subir, pendant sept heures consécutives, des entretiens de ce genre, qui l'avaient extrêmement fatiguée ; à chaque station, la même question se présentait de nouveau, et elle ne fut délivrée qu'en mettant le pied sur le vaisseau qui devait la transporter en Angleterre. Dans la traversée de Calais à Douvres, elle fut assaillie par un orage dont la voix était sans doute plus puissante que l'organe des harangueurs ; mais elle ne devait pas répondre, et son rôle était seulement de contempler et d'écouter en silence. Ce qu'elle voyait en ce moment lui inspirait de sérieuses réflexions. Pendant que l'horizon tout entier était sillonné d'éclairs et que la foudre grondait incessamment au milieu des nuages poussés par la tempête, la mer était calme comme elle l'est rarement à ce degré dans le canal. La noble duchesse se dit alors : « Mon âme devrait aussi trouver de plus en plus le calme au milieu des orages de la politique. » Et elle y parvint.

Naguère encore elle nourrissait l'espoir de retourner un jour en France, dans ce pays qui lui était si cher ; maintenant cette pensée ne la préoccupait plus. Elle avait élevé ses fils en vue de les rendre utiles et dévoués à leur patrie ; elle laissait à Dieu le soin de décider de quelle manière leur patriotisme et leurs talents seraient mis à profit.

Bientôt après l'arrivée de la duchesse en Angleterre, un nouveau deuil de famille vint encore ébranler son cœur et la préparer à sa propre fin. La mort si subite, si inattendue de la duchesse Victoire de Nemours (10 novembre 1857) fut, pour la maison royale d'Orléans déjà si éprouvée, comme un coup de foudre qui aurait éclaté dans un ciel serein. Laissons Madame la duchesse Hélène raconter elle-même cette catastrophe.

Claremont, 11 novembre 1857.

« Ma chère et bien-aimée mère, vous partagerez notre affliction. Cet affreux événement nous a paralysés. Jamais la mort n'a saisi une victime si promptement. Les voies de Dieu sont mystérieuses ; mais la vie n'est qu'une vallée de larmes amères ! La pauvre reine ! subir un tel coup à son âge ; voir tout le bonheur de son cher fils réduit à néant ! C'est trop dur. Et Nemours, si touchant dans sa douleur, si profondément remué et pourtant si pieux, si résigné, oui, résigné à la volonté de Dieu ! Ses chers enfants montrent beaucoup de cœur ; hélas ! ils aimaient tant leur mère !

« Nous sommes persuadés que vous sympathiserez avec notre affliction, vous, ma chère mère, qui avez tant de cœur et qui aimez tant notre famille !

« Nous ne pouvons pas encore comprendre notre malheur. Une minute auparavant, notre chère Victoire était si bien, si gaie, elle parlait de quitter le lit pour recevoir la visite de sa tante ; Nemours était en bas auprès de la reine, et Victoire était seule avec la garde ; tout à coup elle s'appuie doucement sur l'épaule de cette femme et dit à voix basse : « Oh ! je me trouve mal ! » Elle n'était plus ! Nemours, la reine, tous accourent, et s'efforcent en vain de la rappeler à la vie ; mais, entre le moment où l'on croyait à un évanouissement et celui où l'affreuse vérité se fit jour, il y avait un abîme de désespoir. Le pauvre Nemours était hors de lui ; il ne quitte pas la chambre où dort sa chère Victoire ; hélas ! elle a encore une expression si douce, si calme ! c'est un lys brisé, encore si blanc, si beau ! il y a une telle paix dans ses traits ! on croit qu'elle respire et qu'elle va parler ! La reine est pleine de force et de courage ; mais souvent elle dit : « Que ne suis-je à sa place ! » Je me suis établie ici pour être autant que possible auprès d'elle. Mes chers enfants se montrent très-bien et font preuve de beaucoup de sentiment. Aumale est très-utile à Nemours. Hélas ! quel hiver se présente à nous, qui espérions quelques beaux jours ! »

Je vais communiquer encore quelques autres lettres ; nous y verrons le reflet des impressions que produisit ce coup inattendu sur le cœur de la duchesse, et des méditations qu'il lui suggéra.

Richmond, 24 décembre 1857.

Chère mère,

« Je vous écris la veille d'un jour bien solennel, dans cette soirée qui me rappelle tant de preuves d'amour, de bonté, de sollicitude que vous m'avez données dans mon enfance. C'est une soirée paisible, sérieuse et pourtant réjouissante, car elle célèbre la naissance du Sauveur qui a racheté l'humanité déchue, et qui relève et console les cœurs abattus. La fête extérieure qui ravit l'enfance, a fait place à un souvenir plus grave ; on n'illumine point d'arbre dans nos maisons, et nos enfants n'ont plus la joie bruyante d'autrefois. Cette année, la mort a voilé de deuil la fête de la naissance et de la vie, et nos cœurs cherchent ailleurs leur jouissance et leur consolation.

« Nous cherchons tous à nous préparer pour la sainte cène. Ce soir, à minuit, la reine ira communier avec plusieurs membres de sa famille; demain, de grand matin, ce sera le tour de mes fils; après quoi, j'irai à Londres, dans mon église. C'est une pensée bien solennelle; toujours je tremble, et pourtant je reprends courage, car la grâce et la miséricorde du Seigneur sont inépuisables. Il me semble, chère et bonne mère, que je dois aller auprès de vous, pour lire encore avec vous un cantique, pour recevoir encore de vous force, lumière et bénédiction. Mon cœur est auprès de vous dans cette heure du soir si paisible, où chacun vit dans la retraite, et où vous jouissez d'un doux repos en présence du Seigneur. Je suis assurée que vous pensez aussi à moi, à mes chers fils, que vous demandez à Dieu de ne pas retirer de nous sa main, et de bénir les récentes et douloureuses épreuves qu'Il nous a dispensées. Il y a, comme le répète toujours le cher Schubert, un don de pressentiment, qui ne trompe pas et qui rapproche les cœurs, malgré les distances; aussi je suis certaine maintenant que nous sommes l'une près de l'autre, ma bien chère mère!

« Je termine; je vous écrirai encore un mot demain, après mon retour de Londres. »

Après-midi du jour de Noël.

« J'ai eu une belle matinée, ma bien chère mère, et j'ai beaucoup pensé à vous. Je reviens de Londres, où j'ai communié après avoir entendu la préparation à la sainte cène et le sermon. Que Dieu m'accorde ses bénédictions et surtout la joie, qui manque tant à ma faible foi. Si vous saviez jusqu'où va parfois mon abattement, vous en seriez peinée. C'est proprement un mal et un manque de foi, mais la connaissance de soi-même produit aussi ce découragement.

Le bon Steinkopf, avec ses 86 ans, était très-malade et au lit; il me fit prier d'aller auprès de lui et me parla avec tant de cœur que j'en fus touchée. Il a toujours sur les lèvres un mot qui pénètre jusqu'à l'âme. Ainsi il m'a dit aujourd'hui que je ne méditais pas assez cette parole : « Rendez grâces. » « Si Dieu vous a éprouvée, a-t-il ajouté, vous êtes néanmoins toujours guidée et protégée par sa main, et d'ailleurs il vous a laissé beaucoup de biens. Espérez en celui qui seul est immuable, quand tout disparaît autour de nous. Vous connaissez le néant de la grandeur humaine, la vanité du faste et de l'éclat du monde; mais vous connaissez celui qui n'est soumis à aucun changement; espérez donc en Lui et appuyez-vous sur Lui. » L'excellente dame de *** a pris la cène en même temps que moi. Nous revînmes à Richmond par un vrai soleil de printemps, et nous trouvâmes à notre arrivée mes deux fils, qui avaient reçu l'hostie. Je vous écris pendant qu'ils sont allés à l'office du soir, qui réunit les vêpres et la bénédiction, et je jette de temps en temps un regard sur le soleil couchant, qui teint en pourpre la moitié de l'horizon. J'ai devant moi un magnifique spectacle qui me rappelle les belles soirées de Gênes et mes timides essais de reproduire avec le pinceau cette étrange couleur. C'est là une belle et paisible soirée de Noël, à laquelle il ne manquerait rien, si vous étiez ici, chère mère. »

Une autre lettre, écrite à la fin de 1857, respire la même confiance en Dieu, la même attente du salut, et elle cherche à soulever le voile qui couvre les destinées de l'année suivante. Cette lettre intéresse aussi par le récit de la gracieuse réception faite à Windsor à la duchesse et à ses deux fils par la reine d'Angleterre et le prince Albert. On y voit percer toutefois une indéfinissable mélancolie, qui se manifeste extérieurement par le besoin qu'elle éprouve d'aller se jeter dans les bras de son excellente mère. Mais ce n'était pas seulement l'amour du lieu natal qui agitait le cœur de la duchesse ; son âme avait des aspirations plus profondes et plus élevées ; elle se sentait déjà attirée vers cette éternelle patrie qui semble se révéler plus distinctement à l'homme, quand l'heure du départ va bientôt sonner. La lettre suivante nous en donne la preuve ; c'est la dernière que j'aie reçue de sa main et une des dernières à l'adresse de l'Allemagne ; car elle est de trois jours postérieure à celle qui terminait la correspondance de la duchesse avec sa mère. Peu de semaines après, les questions qu'elle soulève et qui la préoccupent, recevaient une éblouissante solution dans l'éternité.

Richmond, jour de Pâques (4 avril) 1858.

Cher professeur,

« Je confie ces lignes à votre petit-fils, dans l'espoir que la joie d'en revoir le porteur leur donnera quelque prix. J'avais depuis longtemps l'intention de vous écrire et de vous remercier de votre dernier envoi, qui ne m'est parvenu que tard, mais qui ne m'en a pas moins procuré une grande et durable jouissance. J'ai lu avec un intérêt soutenu votre dernière production [1], et j'ai voué une attention particulière aux chapitres qui traitent de la mort et de ce qui la suit. Ces feuilles n'auraient pu me trouver dans une meilleure disposition que celle qui a suivi la mort subite de ma bien-aimée sœur, la duchesse de Nemours ; cette disposition me suivra, j'espère, dans tout le reste de ma vie, car elle est le fruit du sérieux appel qui nous a été adressé à tous par cette perte inattendue. La fragilité de la vie humaine et la vanité des intérêts d'ici-bas ne m'ont jamais si sérieusement frappée que dans ces derniers mois, bien que la voix de Dieu se soit souvent fait entendre à mon cœur affligé, et que les coups de sa main m'aient dé-

---

[1] Le premier volume des *Mélanges* de l'auteur.

montré l'instabilité des grandeurs et l'inconstance du bonheur terrestre le plus épuré. Dans cette situation d'esprit, je souhaitais ardemment une nourriture qui convînt à l'état de mon âme ; votre livre s'est montré à moi comme une source dans le désert, et il m'a consolée par le récit instructif des expériences qu'ont faites des hommes pieux dans l'épreuve ou sur le lit de mort. Une foule de questions se présentent sans cesse à mon esprit. Qu'éprouve l'âme au moment de la mort? se sent-elle en présence de Dieu, ou tombe-t-elle dans une sorte de léthargie jusqu'à l'heure de la résurrection? Souffre-t-elle au moment où elle quitte brusquement le corps et le monde extérieur? regrette-t-elle ceux qu'elle a aimés et qui pleurent? Sait-elle ce qu'ils font dans ce monde, ou bien, tous les liens avec ici-bas sont-ils rompus? n'aimons-nous là-haut que le Seigneur, et sommes-nous entièrement absorbés dans un sentiment d'adoration qui exclut tout autre sentiment et nous rend étrangers à ce qui se passe dans le monde que nous avons quitté? Voilà ce que je demande à ceux que je pleure et dont l'image est toujours vivante en moi ; mais je n'obtiens point de réponse. Je sais bien que si Dieu avait trouvé bon de satisfaire ce désir si naturel du cœur, il nous aurait révélé ce que devient l'âme après la mort et aurait éclairci le sombre mystère de la vie future ; mais cette persuasion ne me tranquillise pas, et si je crois que la *connaissance* de cet avenir *doit* nous rester cachée, j'aurais toutefois un inexprimable désir d'en avoir le *pressentiment*. Si ce désir vous paraît coupable, dites-le moi franchement ; s'il provient d'un manque de foi, Dieu veuille fortifier ma foi pour que je n'aie plus à me préoccuper de ces questions.

« Ma sœur m'apprend que vous travaillez sans relâche, très-cher professeur, et que vous nous enverrez prochainement un nouvel ouvrage. Pourvu que vos forces ne s'épuisent pas dans cette incessante activité et que vous restiez encore longtemps sur notre pauvre terre, où vous êtes si utile ! C'est là le vœu que vous exprimera tout spécialement en mon nom votre petit-fils le docteur. Je regrette qu'il quitte l'Angleterre ; j'ai eu du plaisir à le voir et à m'entretenir avec lui, car il me paraît un jeune homme très-doué, plein d'énergie, de bonté de cœur et de piété ; tel doit être le fils de votre Selma. Je ne puis vous dire avec quel intérêt j'ai entendu de sa bouche beaucoup de détails concernant toute votre famille. J'aurais un plus grand plaisir sans doute à vous voir encore vous-même ici-bas et à vous exprimer de bouche, après *quarante* ans, mon respect filial. Dieu veuille m'accorder cette joie !

Hélène. »

On dirait qu'en écrivant cette dernière lettre, la duchesse n'ait pas seulement voulu exprimer en paroles la pensée de la fragilité de la vie et celle de l'éternité dont elle était si près ; mais qu'elle ait encore senti le besoin de joindre à cette lettre d'adieu un gage visible de sa bienveillance. Elle disait par post-scriptum :

« Je prie Mme de Schubert d'accepter un petit souvenir ; c'est une épingle, dont je porte très-souvent la sœur jumelle. Comme elle est très-modeste et de couleur sombre, j'espère que votre femme, qui fait peu de cas de la toilette, ne dédaignera pas ce modeste onyx et s'en servira quelquefois par affection pour moi. »

Peu de jours avant la date de cette lettre, celui qui en était chargé avait encore vu la duchesse dans la petite église luthérienne, où elle prenait la cène au milieu des membres de la communauté, et prouvait ainsi jusqu'à sa fin cette fidélité qui était un trait essentiel de sa nature et de sa vie entière.

Elle eut aussi l'occasion d'en donner un dernier témoignage dans l'accomplissement de ses devoirs maternels. Le duc de Chartres était atteint de la grippe. Les médecins affirmaient que la maladie n'avait aucun symptôme alarmant ; mais leur opinion rassurait faiblement la duchesse, qui ne quittait pas de toute la journée le chevet de son fils et se relevait fréquemment la nuit pour s'assurer par elle-même de son état. Le prince se remit ; mais le jour même (10 mai) où il se levait pour la première fois, une quinte de toux la contraignit de garder le lit. Le jeune duc de Chartres s'établit à son tour auprès de sa mère et se chargea d'écrire à Ludwigslust ; « sa mère n'était pas très-malade, » disait-il. C'était aussi l'avis des médecins. La grippe prit son cours ordinaire ; le 15 toutefois, il survint des crises nerveuses, et des étouffements suivis d'une extrême lassitude. Le lundi 17 mai, vers midi, l'accès fut très-violent, mais les médecins n'y virent pas encore de danger immédiat, car il ne reparut pas l'après-midi, et la toux avait disparu. Dans la soirée, le pouls était devenu très-faible ; la gelée de viande et le vin que la malade avait pris sans répugnance, mais avec ménagement, ne ranimaient pas ses forces ; le médecin fut alors sérieusement inquiet. Il ne quitta pas la duchesse, auprès de laquelle veillaient une femme de chambre et une garde-malade ; d'autres personnes étaient dans la pièce voisine. Bien qu'on évitât le plus léger mouvement, la duchesse remarqua vers cinq heures du matin la présence du médecin, et lui demanda avec étonnement pourquoi il était encore là, et pourquoi il lui tâtait le pouls si fréquemment. « Comment vous trouvez-vous ? » répliqua-t-il pour toute réponse. « Beaucoup mieux, dit-elle, et si je pouvais dormir ce matin, je serais entièrement remise. »

Pendant tout le cours de cette dernière maladie, le sommeil lui avait tenu rigueur ; mais, cette fois, elle s'endormit peu à peu sans effort. Le médecin s'était éloigné pour envoyer à Twickenham et à Claremont un court rapport sur l'état de la malade. Il attendait une crise décisive le jour suivant ou plus tard, dans la nuit. Mais, lorsqu'il revint au bout de dix minutes auprès du lit de la duchesse, le pouls n'était plus sensible, le cœur avait cessé de battre !

Les femmes n'avaient pas détourné les yeux du visage

de la malade, qui leur paraissait dormir d'un doux sommeil. Oui, la mort n'avait été pour elle qu'un doux et profond sommeil, dont elle ne devait plus se réveiller dans ce monde.

A son départ, l'âme laisse souvent sur la figure un reflet de l'éternelle lumière qui l'inonde au moment où elle quitte le corps.

Ceux qui avaient vu Madame la duchesse d'Orléans saluant pour la première fois son époux à Châlons-sur-Marne, distinguaient encore sur ses traits, après sa mort, la même indéfinissable expression d'amour, de joie et d'humilité. Ce qui n'avait été qu'un fugitif instant de bonheur, qu'un doux songe terrestre, avait reçu son accomplissement ; la foi s'était changée en vue.

La joie qui transforme l'aveugle-né, lorsque, à la suite d'une habile opération, il se voit subitement enveloppé d'un torrent de lumière et distingue pour la première fois les traits de ceux qui ont veillé tendrement sur lui, cette joie est bien l'expression du plus immense bonheur que puisse contenir le cœur de l'homme. Mais, à la vue de la dépouille mortelle de la duchesse, nos pensées se reportent sur un bonheur qu'aucun œil n'a vu, qu'aucune oreille n'a entendu, qui n'est entré dans le cœur d'aucun homme, sur une inexprimable félicité que Dieu a promise à ceux qui l'ont aimé ici-bas, celle de le contempler face à face au milieu de l'éblouissante lumière du séjour des bienheureux, et d'être admis à cette fête des rachetés qui n'aura point de fin.

Nous n'essayons pas de décrire la douleur qui se fit jour auprès du lit de mort de la duchesse. Elle était légitime et devait être bien profonde, car le vide qui se faisait dans le cercle de famille ne pouvait être humainement comblé ; mais l'*Esprit* et *l'épouse* [1] ont un autre langage pour les afflictions de cette terre ; un rayon d'En-Haut se réfléchit dans les larmes et les transfigure.

La lumière qui venait de s'éteindre, placée dans un lieu élevé, avait rayonné au loin, et sa disparition ne pouvait être ignorée. Douze heures après que le télégraphe eut porté en France l'affligeante nouvelle, des amis accourus de Paris entouraient le lit de mort et contemplaient dans une muette douleur des traits qui semblaient encore animés. L'idée de la mort pénétrait si difficilement dans leurs esprits qu'un rayon de soleil qui vint à donner sur le visage de la duchesse provoqua un mouvement de joie, car on eût cru un instant qu'elle renaissait à la vie.

On vit bientôt arriver des personnes qui s'étaient tenues à distance pendant qu'elle vivait, mais qui, au moment de la mort, voulaient lui rendre les derniers hommages ; si elle avait eu des adversaires politiques, elle n'avait point d'ennemis personnels. Le 22 mai, jour de Pentecôte, la dépouille mortelle fut transportée dans la petite chapelle de Weybridge, que la sympathie d'une famille irlandaise avait mise à la disposition de la famille

---

[1] Apoc. XXII, 17.

royale exilée, et qui renfermait déjà les cercueils de Louis-Philippe et de la duchesse de Nemours. Le cortége funèbre, parti de Richmond, se dirigea par Twickenham et plusieurs autres localités; partout régnait le silence le plus respectueux; les maisons étaient fermées, les cloches saluaient le passage du convoi. Six chevaux caparaçonnés de deuil tiraient le char sur lequel se trouvait le corps dans un triple cercueil, couvert de velours noir et portant le nom de la duchesse sur une plaque d'argent. Le pasteur luthérien, M. Vallette, était venu de Paris prononcer le discours funèbre; mais la chapelle étant trop petite pour contenir la foule, il dut officier dans le jardin qui l'avoisine.

APPENDICE.

(Voy. p. 45.)

Herzlich lieb hab ich Dich, o Herr!
Ich bitt, wollst seyn von mir nicht fern
Mit deiner Hülf und Gnaden.
Die ganze Welt erfreut mich nicht,
Nach Himmel und Erden frag ich nicht,
Wenn ich nur Dich kann haben.
Und ob mir gleich das Herz zerbricht,
So bleibst Du doch meine Zuversicht,
Mein Heil und meines Herzens Trost,
Der mich durch sein Blut hat erlöst.
Herr Jesu Christ mein Gott und Herr,
   Mein Gott und Herr!
In Schanden lass mich nimmermehr.

Es ist ja Herr! Dein Geschenck und Gab,
Mein Leib, Seel und Alles, was ich hab
In diesem armen Leben,
Auf dass ich's brauche zum Lobe Dein,
Zum Nutz und Dienste der Nächsten mein
Wollst mir Deine Gnade geben.
Behüt mich Herr vor falscher Lehr',
Des Satans Mord und Lügen wehr,

In allem Kreuz erhalte mich,
Auf dass ich's trag' geduldiglich!
Herr Jesu Christ, mein Herr und Gott,
  Mein Herr und Gott!
Tröst' mir meine Seel' in der letzten Noth.

Ach, Herr! lass Deine lieben Engelein
Am letzten Ende die Seele mein
In Abrahams Schooss tragen.
Den Leib in seinem Schlafkämmerlein
Gar sanft ohn' alle Noth und Pein
Ruh'n bis am jüngsten Tage
Alsdann vom Tod erwecke mich,
Dass meine Augen sehen Dich
In aller Freud, o Gottes Sohn,
Mein Heiland und mein Gnadenthron.
Herr Jesu Christ, erhöre mich,
  Erhöre mich!
Ich will Dich preisen ewiglich.

DAS SCHWÆNELIED.

Könnte meines Herzens Sehnen,
Könnte meine süsse Lust
Durch der Sprache leises Tönen
Dringen aus der vollen Brust!

Mächtig treibt in mir ein Wehen
Das die Seele mir belebt,
Unaufhaltsam im Entstehen
Ist die Macht, die mich durchbebt.

Mit des Stromes Silberwogen
Sehn'ich mich — wer weiss wohin?
Wie von mag'scher Kraft gezogen
Schwäne in die Ferne zieh'n.

Doch es tönen Zauberklänge
Tief im Innersten mir zu,
Eines Engelchors Gesänge
Wiegen mich in süsse Ruh :

« Glücklich bist du, Kind der Träume,
« Dem das Leben froh erscheint,
« Schwingst den Geist in freie Räume,
« Wo das Auge nie geweint.

« Wie mit goldnen Adlerschwingen
« Schwebst du durch der Lüfte Blau,
« Lässt dein Lied schon früh erklingen
« Mit dem hellen Morgenthau.

« Horch', des Weltalls goldne Leier
« Tönet süsse Harmonie
« Und sie stimmt zur stillen Feier
« Deine sel'ge Phantasie

« Und die ew'gen Lustgestalten,
« Deren Reize nie verblüh'n,
« Deinem Auge sich entfalten,
« Möchtest gern mit ihnen zieh'n!

Dobberan, 1830.

ZURUF.

Zieh' dahin wie Silberschwäne
Nach dem unbekannten Dorf,
Selbst die still vergoss'ne Thräne
Schwellt die Fluth und hilft Dir fort.

Fürchte nie wenn Wogen schäumen
An des Felsenthales Rand,
Schwäne ziehen ohne Säumen
Nach dem herzbekannten Land.

Wagen kühn sich auf die Wogen
Wo sie hoch und sicher sind.
Wer das Flache sucht — betrogen
Ist ein solches armes Kind!

TABLE DES MATIÈRES.

                                                                      Page

CHAPITRE I. *Bonheur inespéré* 1
    Point de vue de l'auteur dans cet écrit.

CHAP. II. *Le chemin de la vie* 4
    Première enfance de la princesse, née le 24 janvier 1814. — Mort de sa mère, le 20 février 1816. — Rapports de l'auteur avec la famille du grand-duc.

CHAP. III. *Le cep de vigne dans le jardin* 10
    La nouvelle mère. — Lettre de la princesse, âgée de 9 ans.

CHAP. IV. *L'inspiration heureuse* 17
    Caractère d'Hélène. — Sa première amie.

CHAP. V. *Friedensbourg* 21
    Vie retirée de la grande-duchesse.— M. Rennecke, précepteur de la princesse.—Ordre du jour et travaux quotidiens. — Méthode d'éducation. — Sollicitude maternelle. — Mlle Nancy Salomon. — Cercle de

	Page

Friedensbourg. — Harmonie de vues. — Lettres de la période de l'enfance. — Voyage du prince Albert et séjour en Suisse. — Une poésie.

Chap. VI. *Affliction et joie*. 40
Mort d'Ida de Bassewitz. — Confirmation. — Poésies de la première jeunesse.

Chap. VII. *Une nouvelle école de la vie*. 46
Lettre de Friedensbourg. — Voyage en Suisse et retour dans la patrie. — Quatre nouvelles lettres.

Chap. VIII. *Ombres et lumières*. 61
Maladie de la grande-duchesse. — Séjour aux bains de Tœplitz. — Le roi Frédéric-Guillaume III de Prusse. — Jouissances intellectuelles à Dresde et à Iéna. — Symptômes précurseurs d'un changement de fortune. — Inquiétudes au sujet de la vie du prince Albert. — Dernière lettre du prince (1833). — Sa maladie à Ludwigslust. — Sa mort (18 octobre 1834). Lettre de sa sœur.

Chap. IX. *La vie, un songe*. 77
Nouvel avenir. — Visite du duc d'Orléans à Berlin. — Maladie de la princesse. — Opposition au mariage. — Départ de Mecklenbourg. — Arrivée en France.

Chap. X. *L'arrivée*. 79
Première entrevue. — Mariage. — Impression que produit la nouvelle duchesse.

Chap. XI. *Louis-Philippe dans le cercle de famille*. . 97
Esquisse de la jeunesse du roi. — Révolution de juillet. — Les membres de sa famille.

Chap. XII. *Nouvelle vie de famille*. 106

Cercle de Neuilly. — Fêtes de famille. — Bonheur et humilité.

Chap. XIII. *Lettre écrite dans un jardin* 109
Souvenir à l'adresse d'un vieil ami.

Chap XIV. *La voix de la reconnaissance filiale*..... 113
Retour de la grande-duchesse de Mecklenbourg à Ludwigslust.—Premières lettres de la duchesse d'Orléans à sa mère (1837).— Vie de famille à la cour de France.

Chap. XV. *Prospérité domestique et bonheur intérieur*. 123
Naissance du comte de Paris (24 août 1838). — Lettres de la duchesse à sa mère et à l'auteur. — Joie de la famille royale. — Départ du duc d'Orléans pour Alger (1839); la duchesse l'accompagne jusqu'à son embarquement. — Sympathies des protestants. — Tolérance de Louis-Philippe.— Retour du duc d'Orléans. — Lettres de la duchesse (1840).— Naissance du duc de Chartres (9 novembre 1840).

Chap. XVI. *Enigme de la vie présente*............ 142
Une année d'épreuves (1842). — Mort du frère de la duchesse (7 mars).—Le duc d'Orléans accompagne la duchesse à Plombières. — Mort du duc (13 juillet 1842). — Lettre à la grande-duchesse, écrite avant la catastrophe.—La nouvelle arrive à Plombières. — Douleur de la duchesse.— Lettre à sa mère.—Sympathie générale. — Lettre écrite d'Eu à l'auteur.

Chap. XVII. *Le jour reparaît* 154
Lettre à sa mère, datée de Dreux (1843).— Fête de Noël. — Anniversaire de la mort du duc (1844). — Le nouvel-an de 1845. — Extraits de diverses lettres écrites à la grande-duchesse.

Page

Chap. XVIII. *Progrès de la vie extérieure* 162
    Affection du peuple pour la duchesse. — Consolations dans ses enfants. — Relations diverses. — Visite de Mlle de Rantzau. — Lettres écrites de 1846 à 1848. — Sollicitude de la duchesse dans l'éducation de ses enfants.

Chap. XIX. *La révolution de février et ses suites*.. 183
    Le 24 février. — Fuite de Paris. — Courte station aux eaux d'Ems. — Lettre à l'auteur. — Arrivée à Eisenach.

Chap. XX. *Renseignements pris à la meilleure source*. 195
    Lettres d'Eisenach. — Heures de recueillement. — Un cantique de Feneberg.

Chap. XXI. *Consolations et afflictions* 201
    Respect du peuple de Paris pour la duchesse exilée. — Visites. — Joies maternelles. — Excursions dans l'Allemagne centrale. — Voyage en Angleterre et confirmation du comte de Paris (1850). — Mort de Louis-Philippe. — Mort de la reine des Belges. — Profonde retraite et paix intérieure (1851). — Reconnaissance au sein de l'épreuve.

Chap. XXII. *Avant-goût des terreurs de la mort*.... 210
    Horizon chargé de nuages (1852 et 1853). — Voyage et séjour en Suisse. — Délivrance d'un grand danger. — Lettre de la duchesse.

Chap. XXIII. *Nouveau pèlerinage* 214
    Besoin de repos et d'isolement. — Jouissances de mère. — Les deuils se succèdent. — Campagne de Crimée. — Lettre d'Eisenach (janvier 1855). — Visites du roi de Saxe en Thuringe, et de la duchesse à

Page

Dresde (1855). — Maladie et convalescence. — Séjour en Italie (1856-57). — Souvenirs de ce voyage.

Chap. XXIV. *La fin*..................................... 227
Un orage sur mer. — Mort de la duchesse de Nemours (10 novembre 1857). — Dernière fête de Noël. — Désir de déloger. — Dernière lettre à mon adresse (4 avril 1858). — Maladie du duc de Chartres. — Maladie de la duchesse. — Sa fin, le 18 mai 1858.

EN VENTE AUX MÊMES LIBRAIRIES :

LES
CHANSONS LOINTAINES
POÈMES ET POÉSIES

PAR

JUSTE OLIVIER.

NOUVELLE ÉDITION

illustrée de gravures sur acier et accompagnée de musique.
1 beau vol. in-8°. — Prix : 6 fr.

UNE EXCURSION AU MONT-BLANC

AVEC TROIS PLANCHES.

Deuxième Edition.

1 vol. in-8°. — Prix : 75 cent.

GENÈVE. — IMPRIMERIE DE JULES FICK.

www.ingramcontent.com/pod-product-compliance
Lightning Source LLC
Chambersburg PA
CBHW070622170426
43200CB00010B/1879